栄　親

友　衰

危　成

安　壊

命業胎

宿曜占法

——人生喜怒哀楽

上住節子

大蔵出版

はじめに

大洗の海岸沿いにある私の別荘の周りでは、春から夏にかけて、鶯《うぐいす》が清く澄んだ声で、連日〝ホー、ホケキョー〟と鳴き続けます。そして梅雨時に入る頃、どこからともなく杜鵑《ほととぎす》が現われて、〝本尊《ほんぞん》カケタカ〟と荘厳華麗な鳴き声を、一里四方に響かせます。

それぞれ異なったこの二つの美しい鳴き声を、私は実に複雑な気持ちで毎日聞くことになります。

地元の人の話では、ホトトギスは、ウグイスの作った巣を探しては卵を一つ生みつけるのだそうです。この卵は一足先に孵化《ふか》して、まだ眼も充分開かない内から、他のウグイスの卵を蹴落《けおと》し、自分だけがぬくぬくとウグイスに育てられます。そして時期が来ると、〝本尊カケタカ〟と一声残して、またどこへともなく飛び去ってしまうそうです。

この話を聞いてから、私はウグイスの清らかな鳴き声に密《ひそ》む、悲しくも憐《あわ》れな調《しら》べと、ホトトギスの荘厳な音色からは想像もできない獰猛《どうもう》さを、しみじみ味わうようになりました。

天の采配が、美しい調べの底に、かくも悲しくまた残酷なものを宿させたのかも知れません。

人間の世界も同じように複雑です。それだけに、人の資質や運の流れを見る〝占い師〟には、多角的で深遠なものの見方が強く求められることになります。


最近では人を占ったこともない〝書き屋さん〟と呼ばれる方がたが、いろいろな本の要点だけを要領よく整理して単純化し、それを〝簡便占い本〟と称して出版されているようです。しかし人の資質や運勢は幾何学の公理のように、そう単純化できるものではありません。

平成四年に私は壬生台舜浅草寺第二十六世貫首の下で得度し「有心」の法名をいただきましたが、あれからでもすでに十余年、現代の宿曜師として、多くの人びとを看てまいりました。

この歳になりますと、例えば、同じタイプの人でも、それぞれ善い面と悪い面、明るい面と暗い面があって、そのどちらを多く抱《かか》え込んでいるかは、一人ひとり全部異なっていることがよく分かってきます。それが生《なま》の人間の実態です。占いとは、その活きている一人ひとりの資質と運の流れを、その人に即して生なましく読み取り、具体的な開運の法を示して、その人の不幸の素を生涯にわたって取除いてあげることだと思います。

例えば、《宿曜占法》では、「井宿」の人を最も秀でた理論家としています。

もしその人が、活き活きとした宇宙の活力とでもいうべきものを基本に、創造的な理論を組み立てているのであれば、自分でも、周りの人びとにも、元気溢れる幸せを振りまく一生を送ることになるでしょう。

ところが、ニヒルで虚無的な理論をもとに、人生観を構築している人がいるとすれば、同じ理論家といっても、その人の一生は、暗く破壊的なものになり、さんざん人びとを悩ませかねません。一方、優しさに溢れているのも「井宿」の本性ですから、この種の人の方が細やかな気配りをして、人の面倒を見るかも知れませんし、創造的な理論家の方が、理屈っぽくて口うるさく、家族を辟易《へきえき》させるかも知れません。

だから、〃井宿の人は理論や論争に強い〃と指摘するだけでは、実占ではそれほど役に立たないのです。当然、開運の方法も一人ひとり異なってきます。

人を占うには、まず、占技を自らの血とし肉とした上で、占う相手の人が育った家の家風や大人になってからの社会環境や職場の状況、それに生涯を通じる本人の努力などを、詳しく知った上で、その人自身が発する〃霊気〃とでも言うべきものを、自らの感性や霊性で素早く直感できなければなりません。

その上、占い師自身が、人を明るい方向へ導くためのパワーと、一種のオーラを、自分の周りに発散させていることができれば、それに超したことはありません。そうすれば、人は占者の忠告を心の奥深くで納得して、すんなりと受け容れてくれるでしょう。

この本は、三十余年にわたって占断してきた私の経験、特に心に深く残った人びとや、自分の力で占いを活かして幸せになった人たちのことを記したものです。すんなりと、立派に人生を生き抜いた人もいれば、壮絶に人生を闘い抜いた人たちもいます。

自分で占っている人や、人を占うことを生業《なりわい》にする人など、できるだけ多くの方がたにお読みいただけるよう、そして、生きた占いの仕方を身につけていただけるように、生なましい占断の現場を、できるだけ平易な語り言葉で再現してみました。

いわゆる占い本にはない臨場感を通じて、喜びと悲しみ、幸せと悩みの重複する活きた人びとを占うための複眼を身につけていただければ、これに過ぎる喜びはございません。


今回もまた、大蔵出版のご尽力で、本書が出版されることになり、いつものように、谷村英治氏にいろいろとお世話をおかけいたしました。

お蔭さまで、壬生台舜先生のお薦めで、平成二年に『宿曜占法―密教占星術』を上梓して以来、『宿曜占法Ⅱ―密教の星占い』（平成十一年）、『宿曜と法華経―宿曜占法開運法』（平成十五年）、『本命宿早見表』（平成二年）、および今回の『宿曜占法―人生喜怒哀楽』と、一連の《宿曜占法》シリーズを、十五年余にわたって世に出すことができました。

《宿曜占法》の名称も、仏教界はもちろん、占術の世界を含め広く一般の人びとに愛され、確固とした市民権を得て、商標の特許までいただくようになりました。この間の谷村英治氏の長年にわたるご指導・ご鞭撻に、改めて心からお礼を申し上げます。
この本が、《宿曜占法》による実占の活きた教科書として皆さまの実用に供され、開運と幸せの増幅に少しでもお役に立てば、本当に嬉しく存じます。

平成十七年九月　参宿の日

上住節子

目　次

占断のこつ

一、まず、ご自分の「宿」の基本的な要素（本性・性格・長所・短所など）と特徴（癖や動作・表情など、たとえば好みの食べ物や、話し方、目の動きなど）をよく把握しましょう。自分の「宿」について書いてあることが当たっているかどうかを、他の人に聞いてみるのもよいでしょう。自分だけは違うと思っていることが多いものですから。
二、つぎに各「宿」についても十分知っておきましょう。
三、その上で家族・友だち・知人・上司・同僚など、周りの方がたの「宿」を調べてみましょう。なるべくたくさんの人を見ることによって、職業・年齢にかかわらず、それぞれの宿に一定の共通点があることを見いだすことができるでしょう。
その際「宿」が同じでも、その中に〝松・竹・梅〟—上・中・下—のランクがあることに気づかれるでしょう。「宿」の良い資質ばかりを備え持っている人、良いところと良くないところをほどほどに発揮している人、悪い本性だけを多くかかえこんでいる人など、いろいろな人がいらっしゃることがわかります。

四、最後に「宿」同士の関係を調べてみましょう。六種類の関係（後述）を見ていきますと、多角的な判断をできるようになります。
五、占者はいつも、質問者に対して、明るいアドバイスができるように心がけましょう。質問者のお話は、よく聞いて下さい。お話の中から、その「宿」の人についての、また周りの人びととの間柄についての深い判断と、幸運への貴重なアドバイスを導き出すことができます。
六、開運法の基本は、その「宿」の人が、今どのように自分の「宿」を動かしているのかを知ることです。
『宿曜占法』と『宿曜占法Ⅱ』、『宿曜と法華経』で、開運法の基本をすでに述べておきましたので、本書では「宿」ごとへのより具体的なアドバイスを、実例を交えながら分かり易く記すことにいたします。

各宿同士の人間関係を占う方法

――〈栄・親〉、〈友・衰〉、〈危・成〉、〈安・壊〉、〈命・業・胎〉、〈命・命〉――

『宿曜経』では、〃三・九の秘法〃（宿曜文殊暦序三九秘宿品第三）で、各宿同士の人間関係を占います。

二十七の宿星たちが、何かの縁でお互いに出会い、互いの人生を織りなしていく姿は、非常に興味深いものです。本書のエピソードと重ね合わせながら、自分や周りの人間模様を考えてみてください。

三・九の秘法では、人間関係（間柄）を、〈栄・親〉、〈友・衰〉、〈危・成〉、〈安・壊〉、〈命・業・胎〉、〈命・命〉という六つの組み合わせに分類します。それぞれの組み合わせは、ワンセットとしてみます。

どの宿に属すかは、私の『本命宿早見表』で見てください。

一、栄・親の間柄

一番良い関係を末永く保てる間柄です。お互いに栄え、親しむという意味がありますから、結婚生活なら共に白髪になるまで親しみ合い、親子・兄弟・姉妹の間ではお互いに仲良く、仕事の面なら一生協力し合って成果を上げていけるという間柄です。

自分たちの性格をよく知りながら、わがままに過ぎることなく幸運を享受しましょう。

二、友・衰の間柄

夫婦・親子・兄弟・姉妹・友人・同僚・恋愛・結婚などの間柄で、良い親しい関係を作ることができます。その関係が、たとえ途中で続かないことがあっても、けんかや恨みはなく、良い想い出を残します。

しかし、どんなに良い関係でも、お互いの長所を認め合い、相手のことを考える気持ちが大切です。

三、危・成の間柄

お互いに、ライバル意識を持ちながら、その間柄を続けます。良くも悪くもお互いの出方次第です。家族間ではそれぞれの気持ちを考え、事業や仕事の相手とは、上手に折り合いをつけながら手を組むことができれば幸いです。お互いに合わない点を知って、カバーし合うことがキーポイントです。または、こちらで相手の気質をよく知っておけば、良くないことは避けられます。

四、安・壊の間柄

〈安〉と〈壊〉の間柄にある相手同士は、はじめ急速に惹かれ合います。いわゆる一目惚れです。しかし、結婚した夫婦の場合、五・六年目頃から、裏切りとか、足の引っ張り合いとかで、別れるようなことが出てきます。

そこを通り過ぎるとその後は、いわゆる腐れ縁の間柄になって、一方が良ければ他方が困難な目に遭うといった状態が続きます。そのような現象は時々逆転します。

ご本人たちは仲が良くても、周りの人びとに迷惑を振りまいたり、損害を与えたりすることもあります。また他動的に仲の良さを壊されることもあります。

しかし、利害や結婚が絡まなければとても仲良くできるという、不思議なこともあります。

五、命・業・胎の間柄

自分が〈命〉で、相手が〈業〉か〈胎〉の、どちらかに当たる場合、これを〈命・業・胎〉の間柄といいます。前世で深く関わっていた仲間同士なので、現世でも深い関わりができます。

しかし、この間柄は、多くの場合とても良い仲間同士か、大変に悪い仲間同士かのどちらかに片寄ることになります。

良くも悪くもたいていは、〈業〉に当たる宿が〈命〉の人に尽くすとか追いかけるとか、さらに〈命〉の宿が〈胎〉に当たる宿に尽くすとか、ということになります。とても良い場合は問題がありませんが、悪い場合には、〈業〉の人が〈命〉の人に、〈命〉の人が〈胎〉の人に、しつこくつきまとったり、辟易するくらいに尽くしたりします。

この間柄は、占法盤を時計回りに見るとすぐに分かります。尽くされて良い場合と逆の場合とがあるはずです。もし、良くない相手や仲間でしたら、早いうちに抜け出さなければなりませんが、はじめのうちは、異常に結束が固いのが特徴です。

六、命・命の間柄

同じ宿同士の組み合わせです。同じ宿同士ですから相手の心情も分かり、理解もできますから、たいていは仲良くできます。

この間柄ではたとえば夫婦の場合、同じ価値観を保って生活を共にできるので問題はないでしょう。友だちも同じです。

ところが、同じ宿同士ですから、お互いのいやな面を知っているだけに、けんかをすると一時的には激しいものになります。しかし、お互いの間柄の由来をよくよく考えてみれば破局は避けられるでしょう。

昴《ぼう》宿《すく》

子孫のために善行を積みましょう

昴宿は生まれながらにして吉運を持つといわれています。財にも、目上の人にも恵まれ、有意義な一生を送れるでしょう。

感性が豊かでとても感情的です。ですから、その感情的な面が善く使われた場合には、まことに人情味豊かな人物となり、多くの人を惹きつけ、その徳は八方に及びます。努力して物事にあたれば大成功して、その人の徳と財は子孫にも及ぶでしょう。また弁舌さわやかで、一語一語、はっきりと区切りをつけて話す特徴があります。ご先祖さまへのご供養はさらなる幸いを昴宿の人びとにもたらすでしょう。

しかし一方、少数ではありますが、心のおもむくままに行動して、周りの人びとに不幸をもたらす人もいます。欲しいものを借金してまで手に入れるなど、心の中に理性というものがありません。社会にも認められず、家族は離散し、本人はどこに行ったのか行方知れずになるような可能性があります。

昴宿の人の本性は、感情が激しいという点にあります。それが福運も凶運も呼び込むことになりますが、激しい感情の使い方次第で、その結果がもたらす差もまた、甚だしく厳しいものです。

信仰で命拾いをした昴宿さん

私はいつも、昴宿さんほど智慧に富んでいて、これぞと思うときには全身全霊を傾けて物事に体当たりする人は他にいないと思うのです。その上、勘が鋭くて、頭の回転が速いのでなかなかのリーダーシップを持ち合わせています。

私の知っている昴宿の女性は、七十歳を超えていますが、大きな事業から小さなことまで次つぎとこなしています。この方の特徴は、昴宿そのもので、喜びも真剣さも顔一杯に表現することです。小柄で、ころっとしていて、まことに天真爛漫に笑います。けれど、いざという時は、目を据えて、口元に迫力が出てきます。そしてはっきりとした口調できちんと物を言います。

やや歳を重ねて大変なご苦労と経験を経た上の、何とも言いがたい重みが、この方の魅力です。

何かの時に、〝占い〟は別として、あの昴宿おばさまに聞いたら、このことについて、どういう考えをご披露してくださるかしら、とふと思ってしまいます。

この貴重な存在の昴宿さんは、私のところに時々ご相談や《宿曜占法》、《算命占法》のお勉強に見えますが、急に現われては、矢継ぎ早に質問をして、ご自分で対処法まで述べ立て、「さて先生、これではどうでしょうか」という感じです。そして、「いつも勝手なお勉強の仕方でごめんなさい先生……」と付け加えるのです。

大変に積極的な人ですから、その時に聞いて良いと思ったらすぐ実行に移します。それで助かったことが大いにあるのです。この昴宿さんは信仰深く、亡くなったご主人さまや、ご先祖さまへのご供養を欠かしません。

ビルや、家の建て替えなどは、必ずご先祖さまへのご報告と感謝の地祭り、続いて氏神さまへのお祓《はら》いのお願いをしてください……というのが私の考え方ですが、それはそれはきちんとなさいます。

以前住居の建て替えが終ってお祓いをお願いしたときのことです。昴宿さんが、息を切らしていらっしゃいました。

「先生、聞いてください。これはもうすぐにでもお話ししようと思って来ましたの。昨日、午前中に神主さんに来ていただきましたでしょう。それで、その日の午後、三回も大変なことが起こる寸前で助かったんですよ。一つは、私が自転車に乗っていて車に轢かれる寸前で命拾い、後は二回も、火事になるところを偶然大工さんとか、訪ねて来た方が気づいてくださって事無きを得ました。私は本当に良かったと思ってご報告に来たんです。神主さんにもお礼を申し上げに行きましたら、もうそれはニコニコしてくださったの」

「あなたの普段の行いがよいから助かったのですよ」

実は、この方は何度もこのような身の危険から救われています。危険な時期というものが、人間には周期的に回ってくるものですが、そんな時でさえ、たとえ具合の悪さがあったとしても、難なく通過しています。

この方は、そのお家にお嫁に来られたことを心から誇りに感じています。今でも、自分の力で工夫しながら、家族を守り、仲良くさせ、ビルに入っているテナントさんの仕事が快適でいられるよう努力を怠りません。この昴宿さんの真実の願いが、神さまやご先祖さまに通じているのでしょう。

昴宿おばさまが姪御さんのレスキューに乗り出す話

前述の昴宿婦人からのお電話です。あわただしい、興奮したお話しぶりです。話の内容は、姪《めい》御《ご》さんご夫妻の離婚話で、そこに若い女性の問題が絡んでいました。「私も出かけるところなので、夜にはゆっくり見ておきます」と答えて三名の生年月日をお聞きしました。

その姪御さん（畢宿）は、ヨーロッパでは多少名の知られたアーティストなのですが、夫（房宿）との間で急に離婚話が持ち上がったというのです。昴宿さんは姪御さんの畢宿さんをなんとか幸福な結婚生活に戻してあげたいとお考えになったのです。

夫も同じアートを職業としています。結婚して八年目、お二人とも三十代半ば過ぎで二歳のお子さんがいらっしゃいます。

今年の一月から、夫が外泊するようになり、とうとう、近頃は妻も子もいらない、多少の養育費は考えているが、とにかく離婚したいと言われてしまったのです。実は、夫の房宿は深く潜行するタイプなので、そこまで言うのはただごとではなく、せっぱ詰まっていると思いました。

昴宿おばさまは、いわゆる太っ腹な人で、どんなことにもめげたことがありません。姪御さんは、とっさのことにそんなおばさまに電話したのです。昴宿さんはこの話を聞くやいなや「何はともあれ、汽車に乗って私のところにいらっしゃい、今来れば夕方の汽車に乗れるように帰してあげますから」といったそうです。

「先生、明日何時でもかまいません。お伺いしますからお願いします」とおっしゃって姪御さんの話を詳しく聞いた上で、また私に相談したいと言うのです。

次の朝、十時頃に昴宿さんに会うと、私が席に着くやいなや、こうおっしゃるのです。

「先生、私は《宿曜占法》を少しずつでもお勉強させていただいて、今度ほど有り難い、良かったと思ったことはありません。昨日姪は青白い顔をして、やつれて見えました。私は先生の本を出して彼女といっしょに声を出して読みました。それでこれこれこうよと説明しましたら、姪も「アラ、こんなに、人っていろいろな考えを持つものなのね。私も考え直さなきやならないことがあるかも知れないわ」と言い出したのです」

ご夫妻は、夫が房宿で、妻が畢宿なので、〈危・成〉の間柄ですが、この二人の感覚的なもの、本性が全く違います。おそらく、何か別世界の人間のように感じることもあれば、それが魅力となることもあるでしょう。しかし今となってみれば、もう違和感を持っているはずなのです。この組み合わせの方たちの付き合い方は『宿曜占法Ⅱ』にも詳しく書きましたが、同じ〈危・成〉の間柄といっても、本質的に違う性格を持っている場合は、その違いをお互いの長所、むしろ見習うべき良いところとして認め合い、違和感をなくしてゆくようにすることが大切なのです。

ご存知のように、畢宿は強いので、物事をはっきりと決めたり、気持ちも心の底はさっぱりとしています。しかし、女性の畢宿は清潔感があり綺麗なのに、女らしい色気にちょっと欠けるところがあるのです。それと心情的に結論を出すのが早いたちです。

一方、房宿は、優しい感じで、立居振舞が良く、小さな親切が上手な人です。しかし、心のずっと奥の方で自己中心的なところがあり、何か冷たいものが沈んでいます。それに、このご主人には一生、女性がつきまとうと判断しました。妻はよほど割り切ってしまわないと今後もどうなるのかと心配です。

そして若い女性は張宿です。弓を持っていて、獲物を狙う宿です。本性としてはしつこさもあります。しかもこの張宿の女性は綺麗でそこはかとない色気があります。勘が良く、相手の考えを察しながら話を進めるのがとても上手なのです。

男性（房宿）とは〈安・壊〉の間柄です。この間柄の男女は急速に接近するのが特徴です。今現在の熱の上がりようは大したものでしょう。何としても、自分が妻の座を手に入れたい、またそうしないと承知できない心境です。しかし、この二人が結婚すれば、自分たちも含めて周囲への破壊力も大きいのです。

事実、面白いように、短期間で張宿女性の言葉が変わってきています。（これは房宿のご主人を通しての話ですが）「不倫関係はいやだから、私は身を引くけれど、心のケアだけはして欲しい」「私が働いて、あなた（房宿）はアートに専念できるようにしてあげる」「私が奥さんになれないのなら、別れたい」などなど……。タイミングよくあれこれと言い始めては、あの手この手で、新しい恋に夢中になっているボンボンの房宿男性を振り回しています。それをまた一つ一つ聞かされなければならない妻は、いくら一番強い宿とはいえ大変です。一喜一憂の後、夫（房宿）は、とうとう若い女性（張宿）の言うとおりになってしまいました。妻に離婚を言い渡して、子供もいらないとまで言い切ってしまったのです。

歳を重ねた昴宿と私はそのいきさつが手に取るように分かるので、思わず吹き出してしまいましたが、全ての夫のカードが封印されて、使えなくなっていたと聞いた時は、さすがにあ然としました。

一方、妻は、人生で初めてひどい裏切りにあったわけですから、さぞかし、怒り・悲しみ・驚いたことでしょう。女性としては思いあまるものがあります。

ここで注目したいのは、なぜ『宿曜経』が人間一人ひとりの本性は違うのだということを、ことさらに強調しているのかということです。

この二人の場合を見ますと、問題は畢宿の割り切りの良さと、張宿の欲しいものは早く手にしたいという願望の強さです。この両方が張り合うと、結論を早く出したい性格の畢宿さんは面倒になって、妻の座を簡単に明け渡す可能性があります。

ですから、このような問題に判断を下すときには、両方の本性の違いを見極めて、よほど注意してかからないといけません。

もし今の夫婦関係を一生続けたいのであれば、そして張宿に「ヤッター、ワーイ、とうとう私のものにしたわ、あの人（房宿）」と言わせたくなかったら、あまり、いろいろなことを言ったり、したりしてはいけません。ご主人（房宿）は、天が男性に与えた何億年来の本性に従って、妻が怒っても怒らなくても同じようなことを、ソーッとしますから、知らん顔で観ていましょう。怒れば関係をいっそう悪化させるだけです。

しかしもし畢宿の本性に従って、こじれた夫婦関係を早々に解消したいのであれば、思い切って出直し、〝畢宿本来の強さ〟を発揮していくのも一つの途です。

彼女にとって我が道を行くのに大切なのは、芸術とこれからの人生の再設計です。そこで私は、

「決して離婚を勧めているわけではありませんが、良い年回りの波が来れば、古い着物を脱ぎ捨て、新しい着物を着て、再出発しても良いでしょう。しかし、今は今後のために用心深く、慎重に振舞ってください」

とお伝えしました。

昴宿おばさまの話によれば、婚家のお墓を作り直す話があったときに、畢宿さんは、お姑さんに、「私の貯めたお金です。少しですけれど、お墓の費用の中に入れていただけないでしょうか」と申し出たそうです。お姑さんは、目に涙をためてそのお金を受け取ってくれたというのです。婚家は資産家なので、お金は問題ではなく、そのお嫁さんの気持ちが嬉しかったのでしょう。

それからは、子供を連れて気軽に遊びに行くことができるようになったのです。こういうことの起きる前に、ご主人（房宿）の両親をいつの間にか味方につけておいたということになります。

智慧のあるおばさまの、姪御さんに対する後押しの言葉は、次のようなものでした。私はこのアドバイスもとても良いと思いながら聞きました。

「やはりあなた（畢宿）は向こうさま（夫）のご先祖さまを大切にお守りしなければ。それに、チビちゃんを育てる義務があるのですよ。ご主人には絶対にきちんと生活費を入れてもらわなければダメよ。それは父親のすべきことですからね。あなたは、さっき〝私も働けま

すから〟などと大それたことを言ってましたが、いったいどれだけたくさん働けるというの、あなたが働いたお金は子供のために貯めておきなさい。それから、もっと小ざっぱりとしたものを着て、自分の服装やスタイルに気をつけなければダメよ。今大切なのは、どんなことがあっても、離婚するなどと絶対に言わないこと。

私もいたらないことがありました……と思って、いつも謙虚な心で、優しく、優しく振舞いなさい」

この頼りがいのある昴宿おばさまは、万全を期して姪の後押しをするつもりです。頭脳も回転し始めました。房宿さんが教えに行っている学校での評判を調べ上げ、月給の元栓が閉められないような手続きの方法をちゃんと教え込んでいます。そして四冊の私の本を良く読むようにと彼女のもとに送りました。

「ねえ、先生、私が嬉しかったのは、離婚話で家に来た時のあの子の顔色が、帰る時には全然違っていたことです。帰るときはピンク色になって、とても綺麗になりました」

次の日、姪御さんから電話があったそうです。自分も元気になったけれど、子供は特にご機嫌で声を出して笑っているとのこと。母の元気さを二歳の子供も感じるわけですね。そうして、「私も強い星の下に生まれたからには、芸術家としてがんばる……」という気持ちになって、少なくとも前より良好ということでホッとしました。

私は次のことを、昴宿おばさまを通して畢宿さんに伝えていただくことにしました。

結論として、この問題は、早く、しかし慎重に、静かに対処しましょう。メモなどを書いておくことも必要です。張宿は粘りもありますが、自分が一番手でなければ、我慢できないのです。それまでこちらも持ちこたえましょう。このご主人は、また女性問題を起こすでしょうが、畢宿さんなら、そんなことははねのける精神力があります。

それより、アーティストとしての自分を磨いて、芸術家同士の家庭形態を保つのも一つの方法です。

でも人生はまだまだ長くて良いことにも恵まれるでしょう。芸術家の誇りを捨てないでチャンスをつかんで欲しいのです。もうすでに一定の評価を受けているのですから。

それにこれから素晴らしい恋があるかもしれません。その時のためにも、温かくて寛大な心で周りの人のことも気づかえるように、自分の心を豊かにし、容姿もピカピカに磨いておいてください……。

次の日、場所は変わって千疋屋の喫茶室です。何といっても、この昴宿おばさまは、今もカッカと頭に来ています。姪御のためには、もう走っている車の窓から身を半分乗り出している感じです。何でもしてあげるつもりなのです。

しっかり前を見据えて、迫力ある口元で、

「私を甘ちゃんに見るなっていうのよ、こっちはだてに長年暮らしてきたんじゃないんだから！」

「そうね、ホント！」

と、私も相槌を打ちました。

私たち二人のおばさまは、カチャーンとクリームソーダで乾杯して気勢を上げたのでした。

畢《ひっ》宿《すく》

お金は上手に使いましょう

畢宿の人は、精神力もエネルギー（活力）も共に強大です。何事にせよ周りの人など気にせず、自分の思い通りに、物事を運びます。当然本人が気づかないうちに、周りの人を大いに助けていることも、困らせていることもあるでしょう。

態度が堂々としていて、性格もきっぱりしたところがあるので、人の上に立つのはよいのですが、周りの人も自分と同じような強い心とエネルギーを持っていると思っているので、他人にもつい力量以上の大きな仕事を押しつけてしまいます。だから畢宿の人は、周りの人それぞれの個性と能力を読み取れる活眼を、常日頃から養っておく必要があるでしょう。

それに、なぜか畢宿の人は財を作るのが上手ですが、使い方は必ずしも上手だとはいえません。『宿曜経』には、〝財を入れ財を放つのは凶だ〟とあります。〝放つ〟とは、気ままに、ほしいままにお金を使うという意味です。私も財の使い方の吉・凶は、その人自身の考え方で決まるものだと思います。もし、畢宿の人が、自分の力と財を善い方に使えば、それは多くの人を助け、さらに、子孫繁栄の道を開くことになるでしょう。

『法華経』にも、「積善の家に余慶あり」とありますが、人は徳を積んで、善を施すことによって、子孫の繁栄をもたらします。畢宿さんの生き方そのものが、子供さんやお孫さんたちの将来を反映することとなりましょう。

畢宿と畢宿の対決

ある日、私はご相談ということで、地方から来られたご婦人にお会いしました。六十歳を過ぎたこの方は、畢宿さんらしく、きちんとスーツを着こなして丁寧なご挨拶をされました。ご自分は、西洋占星術ができるそうですが、《宿曜占法》を習いたいというので、二日間東京に宿泊されたのです。ご相談がまず先決です。

お会いしたときに、お顔の色が黒っぽいという印象を受けましたので、何か、いやな問題を心の中に長い間かかえていらっしゃるようだなと思いました。それでなければご病気です。しかし病気ではなく、心身共にお疲れのようです。

生年月日は聞いてありましたので、畢宿の方ということは分かっていました。お話をお聞きすると、やはり、この方は、八千万円という大金を相場でなくしてしまっていたのです。それだけの損害をこうむるまでには、いろいろないきさつがあったそうです。その会社のやり方があまりにもひどいので訴訟を起こしたところ、返ってきたのは一千七百万円だけで、あとのお金は戻ってこないというわけですが、本当に一千七百万円で手を打つか、もっとがんばった方がよいのかどうか……というのが相談の内容でした。

前もっていろいろと調べましたところ、どうもそれ以上は良い結果が出そうにないと見ていましたので、

「それは法廷で決まってしまったのでしょう。相場や他のどんなものを新たに手がけても、今のところ損失を取り戻せるようには運が向いていないのでやめてくださいね。弁護士さんはどうおっしゃっていますか」

「私が歳をとっているからまだ良かったようなものの、普通は全然戻らないと言われました」

「ね、そうでしょう。運が下がっていたから、その八千万円を損したわけだし、今、これ以上動いたらダメなんですよ」

彼女はがっかりしたお顔をなさって、

「そうですか、実は私もそういう気がしていました」

「たぶん、そういうことになるでしょう。弁護士さん（危宿で〈友・衰〉の関係）との相性は良いようです」

彼女は相場のことにはもうそれ以上触れませんでした。そして自分のことをぽつぽつと話し始めました。ご主人とは歳がかなり離れていたのですが、頭の切れる彼女をとても高く評価してくださったそうです。遺産の中の八千万円をなくしてしまったのはつらいことですが、遺族年金を他の人の倍もいただいているので、これからもお金に困ることはない、ということでした。

あまりはっきりとしたことはおっしゃいませんし、まだまだお金に関することは問題がたくさんあるのでしょう。それはよくあることですが、これからのことの方が大事です。とにかく、生来の過剰なエネルギーをどのようにセーブしていくかが、人生の盛りを過ぎて疲れが出始めた畢宿の人の大きな課題なのです。ところが、ご本人がそれに気づいていないところに、問題の深刻さがあります。

「この辺でギャンブル的なことは一切やめないといけませんね。世の中には、八千万円が無くて自殺する人もいるんですよ。

人生でいえば、今あなたは大きなリュックを背負って、崖っぷちを一歩一歩あるいている状態だと想像してください。必要なものだけを残して進まないと、その荷物に引っ張られて、崖から転落して、命を落としてしまいます。その上、このままでいると、身体の具合が悪くなってくるでしょう。これを機会に心配事は全部捨ててしまわないと無事に通れないわけですから、たとえ、足を一本切られようと死ぬよりはましだ、ぐらいの考え方で行きましょう。

あなたも私もみんなそうですが、私たちは言うなれば、もう人生の頂上を過ぎてしまったのです。あとは注意しながら山を下っていかなければならないんですよ」

実は、この女性にはお金よりも健康の方が心配だったので、こう申し上げたのです。

畢宿の方は頭が良いので、この方も私の『宿曜占法』をよく読んでおられたのです。お金を損した時の状況については、かかわった人たちがどういう人で何宿だったというような、人間関係をもとにした「表」まで作っていらっしゃいました。

その会社の責任者は畢宿でした。客である彼女とは〈命・命〉になります。畢宿の命同士ですと、相手に譲らないどころか最も強い宿同士ですから、事がうまくいっている間は普通ですが、特にお金がついてまわると大変なことになります。畢宿同士の対決です。

この会社の畢宿の部長さんは、冷酷で、お客さんがどんなに困っても平気です。お客さんが損をするのも単なる仕事の一つです。しかも畢宿部長の運は上昇中で、昇格の一歩手前ですから成績を上げることに夢中です。その場、その場で部下を自由に使いこなしていそうです。

他方、彼女の現在の運の流れは決して良くはなく、むしろ悪い方なので、勝負は決まっていたようなものです。八千万円（本当のところはよく解りませんが）損をしたとしても、どうしようもない運勢だったのです。

「なぜ、そこまでたくさんお金をつぎ込んだのでしょう？」

と聞くと、

「結局、その会社の人にいろいろと美味しいことを上手に言われて、私がその話に乗っかってしまったからです」

とおっしゃいます。

「それは誰ですか？」

「部長の直属の部下で胃宿の人です」

「それで、はっきりしました。畢宿と胃宿は〈友・衰〉の間柄ですよ。胃宿の人は、畢宿のあなたとは気が合うし、いろいろとあなたも良いと思ったのかも知れませんが、考えてみると、その胃宿は畢宿部長の直属の部下で、やはり〈友・衰〉の間柄です。畢宿部長にしてみれば、うまく部下を使えますから、あなたと気が合わない人を差し向けてくれた方がかえって良かったわけですよ。

その他いろいろな人物をこの畢宿部長はあなたのもとに送り込んでいますが、みんな目くらましの役ですね。上手にあなたのお金を取り込んで返さない。もう少しで、取り返すようなことを言っているうちに、あなたが失敗して全部お金が無くなれば、それで終わりなのです。

会社は一定のマニュアルに従って動いているだけです。あなたのようにいろいろ相場や株のことを知っていると、かえって引っかかりやすいのです。もう少ししたらお金は戻ると思うのは大間違いで、はじめからそのお金は無くなるような仕組みですよ。彼らはこの世界の鉄則を守って、チームワークで商売しているわけですから、この手のものにはもう決して手を出さない方がよいでしょう」

「弁護士さんからもひどい話を聞きました。あの人たちは必要とあれば、土下座してでも客を自分たちのペースに引き込んでしまうので、私より歳を取った人が何人も、もっとひどい目にあっているそうです」

「畢宿対畢宿のバトルは、一対一でなくグループでやってこられたので、さすがのあなたもダメだったのですよ。

このような会社にいると、いつ儲かるのかよく知っていますから、さぞかし自分の財産は作っているだろうと想像できますね。特に畢宿の人がすごいですよ。あなたも畢宿ですからよく分かるでしょう。でもその方は、きっと、お孫さんの代になって何か本当に良くないことが出てきます。

この部長さんの直属の部下、胃宿の人も心臓をやられます。なぜかというと矢面に立たされることが多いので、いくらベテランでも、相場をすると心臓にくるわけですよ。この人にとっては、何も悪いことをしたわけではなく、会社のマニュアル通りに動いただけのことです。だからあなたをこのように追い詰めても〝ちょっと気の毒だけどしょうがネェや！〟ぐらいにしか考えていないでしょう。しかしそれでもやっぱり心臓にきます」

「先生、心臓心臓とおっしゃいますが、その人心臓がとても悪いんです」

「アラ、やはりね。部長さんの方は元気な顔しているでしょう。部下にいやな部分をみんなさせているわけですからね」

「先生だったらどうなさいます？」

「私でしたらどうしてもいやなことは一年で見切りをつけます。十二月三十一日です。カチカチと終わりの芝居小屋を彷彿とさせますね。江戸っ子ですから、今年のことはどんなに損をしても今年でお仕舞いです。人間は欲がありますから、その位のことでなければ何からも抜けられませんよ。その上、人との付き合いとか、いやな習い事とか、着るものとか全部やめます。それに所詮自分で作った洞穴ですから、また一生懸命に埋め戻せばいいわけですよ。

それにしてもあなたの洞穴はちょっと大きいですね。でもこれまでのことは全部捨てて去ってしまいなさいよ。そうすればこれから本当に健康になって元気で暮らせるでしょう」

「そうですね」と言って畢宿婦人は帰られましたが、やはり株だの相場だのはやめられないだろうという直感があります。

陰陽の理からすれば、今は陰になっていますので、本当はじっと陽の時を待つのが良いのです。それに、お金を無くした時は身体にはこないことが多くて、かえってそれで助かっているのです。人間はその人の徳分に応じた財しか持てないので、財の方が出て命を救われたのかも知れません。

夢の未完成児童公園

私の友人で畢宿の幼稚園の園長さんがいました。彼女は一度結婚しましたが、ダメな夫との生活をすぐに解消して独身に戻りました。そして折からのベビーブームの時代に、二つの幼稚園を経営する園長さんになりました。

ところが、お金がどんどん入っても、何軒かのマンションや家を買うだけであまり使い道もないし、残してあげたい子供さんもいないというので、ありすぎて困るという状態です。おまけに生来の本性はあまり気前が良くない方です。ところがこの方もなぜか、〃株〃だけは大好きで、しかも気前がよいのです。

私と畢宿さんは〈危・成〉の間柄ですが、お友だちならうまくやっていけます。ちなみに『宿曜占法Ⅱ』の「畢宿」の項を見ますと、「畢宿にとって、鬼宿は付き合うのに少々むずかしい相手となります。畢宿の人がかなりきめ細かな気持で付き合わないと、人間関係は悪くなるでしょう。考えているよりも、相手（鬼宿）は精神性の強い人」だからです、と書いてあります。

ある日、彼女は、相談があるからと言ってわざわざ訪ねてきました。

七十五歳にもなったのに、財産を残したい人もいないし、どう使ったらいいか分からないので、何か良いアイデアを考えてくれないかというのです。

「あなたは子供たちが本当に好きで園長さんになったの？」

「そう、私は子供たちが大好きよ、本当に可愛いの」

「それなら、土地は充分あるし、児童公園とか図書館を作ったらどうなの」

「そうね」

と答えました。

実は、彼女は他の友だちたちにも同じ質問をしていて、みんなからほぼ同じことを言われていたと後で分かりました。ところが、五年後の今、夢の児童公園も図書館も建っていないのです。

彼女は体格も良く、エネルギッシュで働き者で、幼稚園の先生方をよく導いていました。何よりも性格が真っ直ぐで、アッケラカンとしていて、女性特有の湿っぽい意地悪さなど全然ないのです。両親も最後まで看病してご供養もしています。

それでも、人生の最後になって、自分の財産を投げ出してみんなのために役立てるのは、畢宿の人にとって容易なことではなかったのかも知れません。

觜《し》宿《すく》

一生〝こだわり〟続けましょう

觜宿の人は生来、運が良く、恵まれた環境に育ちます。

学問や芸術を追究することにも向いています。善良な性格の人が多く、立派な目上の人からの励ましや恩恵をこうむることが多いので、他の人より早く物事が成就します。しかし、成功するには本人の努力と忍耐が必要になります。

觜宿の人には、心の内に秘めた好き嫌い、頑固さ、怒りなど、いろいろな感情が渦巻いていますが、まさに〝こだわり〟こそが一生の仕事の成否を決めてしまうのです。でも、その仕事はいずれにせよ、自分の好きな事柄でなければなりません。そして、その先は、忍の一字で行くより他ありません。それでこそ成功することができるのです。常に柔和な態度で人と接すると、生来の運の良さをいっそう助長し、人生に喜びをもたらすことでしょう。

瞬間の芸術

友人のフランス料理のシェフ（觜宿）が、自分のお店をオープンするというので、私と、それから私の占術仲間であると同時にシェフの幼友達でもある友人を招待してくれました。

このオーナーシェフは、独身・長身ですらりとしたやせ型、面長のほうでしょうか。もちろん、お料理はすこぶる美味との定評があります。人当たりは上品で、聞き上手、話し上手、しかも温和で静かな感じです。

フランスなどヨーロッパの国々に、合わせて十七年間も滞在後、帰国したのです。いわばご修行と仕事一筋です。帰国後ある有名ホテルのフランス料理のシェフを勤めていたのですが、とうとう自分のお店を持とうということになったのです。これはいかにも觜宿さんの通る人生の道筋のように思えます。

友人とお店に着いてみますと、アールデコ風インテリアで、やや沈んだ感じながらも、リラックスできる雰囲気です。ソムリエもボーイさんたちもソフトなおもてなしを感じさせますが、本当はピリピリと気を遣っているのではないでしょうか。徐々にお料理が出てきます。

一緒にご招待を受けた男性は壁宿さんで、シェフの子供時代からよく知っている仲だし、そして私とは長年の占術仲間、いわば〝ご同業〟ですから遠慮というものがありません。

占術師壁宿さんは、食べながらこうささやいたのです。

「あのね、このお料理って大変なんだよ、先ずスープ・ストックを五日間もかけて作るんだそうですよ。でも、誰か見習いのやつなんかがちょっと味加減を間違えたら、そのストックは捨てちゃうんですってさ。それから、お料理のメインが出来上がったとき、最後にソースを綺麗に垂らすでしょう。もし間違ってかけたら、もう即ダメなんですって。何が間違ってるか分からないじゃないかって言うと、彼は〝フランス料理は瞬間の芸術〟だ、〝味が違う〟って言うんですよ」

「じゃ、私今、〝瞬間の芸術〟を食べちゃっているわけね」

食事が進むにつれて酔いもまわって話が弾みます。

「彼ってね、こだわりが凄いんだよ、かれの書斎は原書の山だし、部屋は、五年前と同じものが、同じ所にちゃんと寸分違わず置いてあるのさ、箱とか人形とか、同じ配置さ。ところであの原書全部読んでいるんだろうなぁ、彼のことだから……」

さすが壁宿さんらしく情報満載です。

「彼（胥宿シェフ）のこだわりはそれだけじゃないんだよ、彼って痩せてるでしょ」

「ええ、そうみたいね」

「それは何故か知ってる？　太ると舌が麻痺してお料理の味見ができなくなるんですって、

だから太れないんだってさ。僕とか先生はシェフにはなれませんよ。それに食べ方でその人の上品さとか生い立ちとかが解るし、ワインなんかを大量に飲む人は料理の味を台無しにするんだってさ」

「エーッ！　怖いのね、そんなところまで見ているの」

話を《宿曜占法》に戻しますと、觜宿シェフさんと占術家壁宿さんは〈安・壊〉の間柄ですが大変仲が良いのです。友人で利害関係が無ければ、気にしないで良い仲を保てます。

ところで、こうまで觜宿さんをして一途にフランス料理――瞬間の芸術――に踏み込ませた理由はいったい何だったのでしょうか。それは好きなことにこだわるという觜宿の人の本性だということにつきます。

さてここで觜宿さんが立派なシェフとして独り立ちするまでの過程を、詳しくお話しすることにいたしましょう。彼は、成功している商家の長男として生まれました。もともと食べ物に興味を示す子供でしたが、ある日、お寿司屋さんになりたい、と父親に言ったところ、「お前は寿司が好きだからそんなことを言ってるんだろう」と一言のもとに否定されたそうです。彼としては、あんなに美味しいものをサッと客の前に置く、あの魔法のようなスピード感に惹かれてしまったのです。

たまたま、やはり中学時代からの友人翼宿君に、「僕の父が有名なホテルのフランス料理のシエフをしているので、一緒に行ってみないか」と誘われたのです。そこで、彼は友人のお父さん（角宿）の作るお料理を賞味してみたいと考え、二人で連れだって、翼宿君のお父さんの勤める気取ったホテルに出かけることになりました。この二人は〈友・衰〉の間柄です。

角宿は二十七宿中一番器用で、遊びの三大宿（角・危・壁）にも入っています。もちろん、角宿の人はお料理も上手ですが遊び心もあるので、息子（翼宿）の願いを叶えてあげることにしました。このようなわけで、二人の少年は角宿お父さんの指揮するお料理を満喫したわけです。

そしてこの日が、彼（觜宿）の一生を決める記念日となりました。

その時のフランス料理は彼の舌に格別美味しく、不思議と思えるほどの体験をさせてくれたのでした。今まで味わったなかのどんな料理にもない、全く異なった味の世界でした。

フランス料理とワインの醸し出す優雅な雰囲気と味覚、それに舞い上がる白鳥を思わせるような、少年を夢の世界に誘う数々のデザートに、心から魅せられてしまったのです。

もともと、觜宿の人はおしゃれで、色の感覚や形について敏感です。その上〝気取り〟もあるので、きっとフランス料理のセンスが少年の心にぴったりと合ったのでしょう。まさにこの時に、彼の一生をかける目標が決まったのです。

家業を継がないで、フランス料理のシェフになると突然言い出した長男に、さすがに父親は驚いてしまいました。しかし、ダメだと言っても気持ちを変えるような子供ではないので、とにかく気が変わってくれるのを願いつつ許しました。後に弟が家業を継ぐことになりましたが……。

一方、友人の父親である角宿シェフは、息子の友達、觜宿少年にフランス料理を習いたい、お弟子さんにしてくださいとまで言われて困ってしまいましたが、角宿の人は生来面倒見がよいので、少年がシェフになるための、これから先のアドバイスを、いろいろとしてくれることになりました。

この友人の父（角宿）は、彼（觜宿）とは〈命・胎〉の間柄ですから、二人は縁が深く、本当の父親のような役割になってしまいます。いわゆる「命」の角宿が「胎」の觜宿に尽くす間柄です。前世では本当の親子だったのかもしれません。このように觜宿の人は生まれつき目上運があるのが特徴です。

高校を出るまでに、ある程度の語学と空手と柔道を習っておくことが決められました。フランスでは、日本人なら誰でもこの二つはできると思われているので、社交上是非とも必要だったのです。角宿シェフの息子（翼宿）も料理店シェフを目指していたので、一緒にフランスに行くことになりました。

角宿シェフは、自分の息子に対するのと全く同じように、彼のために料理学校との交渉をしてくれる一方、さらに細かなぁドバイスも与えてくれました。

特に強調したのは、「学校を無事に卒業して、レストランなどに料理見習いに行くようになったとき、まずは忍耐を心がけ、怒らないことが何よりも大切で、特に周りの同僚との付き合い方に気を配ること。例えば、手早くサッと美味しいものを作るメニューと技術を身につけて、短い休み時間に、同僚のお腹と舌を満足させてやるのが一番だ」ということでした。

フランスでは無事に学校を終え、レストランの見習い修行が始まりました。鮨宿特有のこれと決めたら忍の一字で行く、という良い資質を貫くことになりましたが、やはり途中で危うく挫折する寸前のような危ない目に何度か遭いました。ところが、いつも何とか助けられてしまいます。有名レストランから、人手が足りないから来てもらいたいとの思わぬ呼びかけがあったり、目上の人に引き立てられるなど、次々とグレードの高いレストランに勤められるようになったのです。女性運はちょっと恵まれなかったようで、その頃、バツ一になり、その後独身で通しているのです。

一方、一緒にご修行に出た友人の翼宿さんは数年後、レストランのオーナーシェフを父に持つパリジェンヌと結婚しました。翼宿は外国に行くと、その地でとても良くしてもらえる、という特別な宿です。軫宿さんも同じですが、それにいつも女性の力で得をするのが男性翼宿さんです。まさに外国の女神さまに微笑みかけられてしまったのです。今にそこのオーナーシェフになるでしょう。

このように二人の青年の人生航路は、それぞれの方向に進みました。翼宿さんは、鮨宿さんほどこだわりませんので、できるだけ美味しく味見して太っているそうですが、觜宿さんは太れません。今もかっこよさと、瞬間の芸術にこだわっています。これからの觜宿シェフの活躍がまだまだ期待されます。

彼は、友人の父親であり恩人でもある角宿シェフを訪れては、お料理やご修行時代の長話をします。觜宿さんは一見無口のように見えますが、いったんしゃべり出すと多弁で、長々と座り込むのが癖なのです。

人生は、本当に不思議なものです。一生懸命、一途に努力をしていると、この方のように、その人の良い資質と幸せな運命がひとりでに開けてきて、満足な一生を創り出せるものですね。

マザー・テレサのこだわり

マザー・テレサは觜宿の人に違いない、とある日ふと思ったので本屋に出かけ『マザー・テレサ―愛の軌跡―』(日本教文館) を買って読みました。著者のナヴィン・チャウラ氏はマザー・テレサがご自分の伝記を書くことを許した唯一の人物です。

予想通り、マザー・テレサは觜宿の人でした。しかも觜宿の人が持つ自分のしたい仕事に対するこだわりを、忍耐強く生涯貫き通し、それを実現したのです。

この伝記をもとに、いかにも觜宿らしいマザー・テレサのエピソードをいくつかご紹介いたしましょう。〝貧しい所〟とか、〝貧しい人〟という言葉について、始めは違和感を持たれる方がいらっしゃるかも知れませんが、〝貧困と戦う戦士〟マザー・テレサご自身のお言葉として、そのまま引用させていただきます。

彼女が使っていた外交官パスポートによりますと、「メアリー・テレサ・ボワジュ、一九一〇年八月二十六日、ユーゴスラビア（現在セルビア・モンテネグロ）、スコピエ生まれ」とあります。詳しくはアルバニア人です。

マザー・テレサは、ピンク色の頬をして丸まると太った可愛い少女でした。人びとへの奉仕を日常生活の中に組み入れてあるほど信仰深い裕福な両親のもとで、兄弟と一緒に育ちました。

そして十八歳になった時、修道女になることを決心しました。彼女のお母さまは、お部屋に閉じこもって二十四時間お祈りをした後、彼女が修道女になることを許したのです。

インド、ダージリンのロレット修道院に入り、模範的な修道女としてすっかりその生活に慣れてきたある日、彼女は神の啓示を受けたのです。それは、次のようなものです。

「一番貧しい人を救うこと、そして、自分も貧しい人びとと同じように貧しい生活をすること」

この啓示を実行するには修道院から出て生活しなければなりませんが、そのためには修道女であることを放棄しなければならないというのが、当時の決まりでした。しかしマザー・テレサは、考え深く、しかも忍耐強く、時間をかけてとうとう修道女のままで一時的に修道院の外に住んで活動する、という許可を取り付けます。歯宿の人には高い地位にある目上の人の助けがあるといわれますが、この時も彼女の願いをかなえようと努力してくださった目上の方が現われています。後には教皇ヨハネ・パウロ二世が、マザー・テレサの最も良い助言者になられます。

神の啓示を実行したいという希望が通ったマザー・テレサは、すぐさま〝一番貧しい街に行き、一番貧しい人びとのいる真っ只中〟に入って行きます。そしてここを起点に、ハンセン氏病患者の治療と対策、更生施設の建設、そして路上に住む人びとの中で特に死にかけている人を救う、という活動を始めるのです。まさに歯宿の人らしい、生涯をかけた〝こだわり〟を見てとることができます。

活動は主として、インドのヒンズー社会で行なわれたのですが、宗教に対するマザー・テレサの考えは終生変わらず、「改宗は神のなさること」で、彼女の仕事ではない、というものです。ですから一切改宗にはかかわらず、宗教・宗派に関係なく、救いの手を差し伸べたのです。そして、介護した人が亡くなった場合、生前その人の持っていた宗派の流儀に従って葬るという徹底ぶりでした。

しかし、その前に、死んで逝く人が、一番心を傷つけられている事柄を解決してにっこりと旅立てるように、マザー・テレサは時間をかけて説得するのです。あと二、三時間で命のなくなることが分かっている赤ん坊にも、優しい愛情をそそぎました。彼女は、赤ん坊こそ人の愛情を最も深く感じられると言い切っています。

マザー・テレサが要請すれば、路上で生活する人の中でも一番貧しく死んで逝く人だけを救うために、救急車も出動するようになりました。路上から運ばれてきた人は、先ず身体を洗い清められ、手当を受けてから、マザー・テレサの優しく忍耐強い説得やお話によって心の傷を癒されるのでした。心の平和を取り戻せないまま亡くなってはいけないというマザー・テレサの気持ちです。この「死を待つ人の家」のことを、伝記は次のように記しています。

一人の青年僧が重症の肺病にかかり、仲間からも見放され死ぬ時が迫っていました。マザー・テレサは優しく、長い間青年僧に話をして心の傷を癒しています。若い僧は、とうとう自分を見捨てた仲間を許しました。

このようにして人びとは心の平和を取り戻させてあげるマザー・テレサの心がだんだんに分かり、死後もその人の宗派で葬る用意までして、遺体を返してもらえるのを知って、その時から、マザー・テレサに反対する暴徒はいなくなり、人びとの間に協力的な気持ちが広がって行きました。

そして、
ハンセン氏病にかかったある女性が、息子にゴミ捨て場に捨てられてしまい、救急で運ばれてきました。身体は清められ手当もされているのに、女性は高熱に浮かされているようでした。しかし本当のところは、自分の生んだ息子に捨てられたというショックと絶望の気持ちで、うなされていたのです。マザー・テレサは、息子を許すように時間をかけて説得しました。その後、女性はマザー・テレサの腕の中で、初めてにっこりとして、息子を許す気になれました。そして彼女に「有り難う」と言って息を引き取ったのです。

神の啓示に従うというこのこだわりの凄さは、勘宿の人でこそです。どんなことがあっても途中で変更せずにやり通します。

マザー・テレサは静かにものを言い、雄弁ではなかったといわれていますが、短い言葉で人を感動させ、動かしています。世界中から、彼女の仕事に同調し、奉仕する人、出資する人、そして彼女を慕って修道女になる人が次つぎと出てきました。やはり持って生まれた資質を十二分に花開かせることによって、はじめて人を動かすこともできるのでしょう。その上、健康な人には労働の奉仕を、そして豊かな人びとからは財施をさせていますので、その方たちにも功徳を積んでもらっていることになります。

もう一つ愉快なことも記されています。

マザー・テレサは、自分がノーベル平和賞を受けた時に受賞パーティを断って、その代わりにお金でもらい、そのお金で貧しい人びとのために、二千人分のクリスマス・ディナーを用意して食べてもらっています。

このようなことはたびたびで、親鳥が雛に餌を持って帰るように、自分のための誕生日パーティーの食べ物やお祝い物は、そっくりそのまま、おみやげに到るまで貧しい人びとのために持ち帰るのでした。山のような数かずの受賞は、聖母マリアか貧しい人びとに与えられたものと思い込んでいたようです。

私の心に残るのは、マザー・テレサが、「私が看取った人が最後に〝有り難う〟と言ってくれたことにとても感謝しています。私なら、とうていそんなことを言えないでしょう。たぶん〝お腹がすいた、寒い、痛い、苦しい〟というかも知れません」とおっしゃられたことです。

マザー・テレサは、一九九七年九月五日に八十七歳で神さまの許に帰られました。

参宿《しんすく》

白刃は慎重に踏んでください

私たちの周りには、ときどき恐れを知らないという人がいるものです。本当の怖いもの知らず、というのが参宿さんです。

『宿曜占法Ⅱ』で、私は参宿さんに〝白刃踏《はくじん》むべし〟という句をお贈りしましたが、ここではその理由についてお話ししましょう。この句について、たびたび質問を受けるからです。

句の意味は、参宿の人は白刃《しらは》の上を歩いて渡ることさえできるほどの、恐れを知らない剛の者ですから、自分の信じることを思い切って完遂させてください、しかし白刃の上を渡るつもりで、常に周りの現実に細心の注意を払い、バランスをとりながら慎重に生きてください、ということです。

「類経」の一つ『三昧神足品《さんまいじんそくほん》』にも〝頭は切れるものの、何かに凝り固まって自分ひとりで突き進み、それが仇《あだ》になって苦労する〟と教えています。

確かに、参宿は身体が丈夫なうえに、頑固で、しかもたいていは、非常に聡明な上に正義感と優しさにあふれていて、自分が興味を感じるとそれに熱中して凝り固まります。そうなるともう身体のことはもちろん、周りの状況などもほとんど考慮しないで突き進む一徹者になります。

そして、半生を過ぎる頃には身体はぼろぼろ、仕事は倒産寸前などということにもなりかねません。もちろん恐れを知らない人ですから、それでもアッケラカンとしていて、少しお金に余裕ができればすぐ旅に出たりします。

それだけに、参宿さんには、確固とした自分自身の正しい判断を身につけた上で、自分のことはもちろん、家庭や職場を含めて、常に周りの人びとや状況に気を配り、現実的なバランスのとれた生き方をすることをお勧めします。

これが、一生を幸福に暮らすための最も大切な教訓です。これを忘れると必ず苦労することになるでしょう。

思いたったら命がけ

参宿の人が、一方で正義感と優しさを備えながら、他方でいかに「剛の者」であるかを、生々しく知っていただくために、ある典型的な参宿の女性の一生のお話しを、少し詳しくいたしましょう。

なんといってもこの参宿さんは、小・中学校では教師として子供たちのために、家庭では夫の仕事のために火の粉をかぶりながら、一生涯からだを張って生き抜いたのですから。

それでもご本人は、結構楽しかったのだと思います。なにしろ、平気で白刃の上を歩ける参宿さんですから。しかし身体は大変です。心臓発作で一度は呼吸が止まったのです。親から授かった生来の丈夫さがなかったら、とっくにあの世に行っていたでしょう。

彼女は、K大卒業直後から小学校で教え、その後中学校で英語の教師、そして最後の五年間は障害児学級の担任として、三十六年間を教師として勤め上げました。

参宿特有のぱっちり見開いた目、厚い唇、グラマーな胸――今もそのままを〝おばさん〟にした姿を思い浮かべれば間違いありません。声はアルトで聞きやすく、話し方は子供っぽく、ゆっくりです。聡明なのに人を信じやすく、「アラ、そうなの」なんて目をまん丸くしてすぐ騙されてしまいます。ところが、例えばいったん議論を始めるとなると、その頑迷さを発揮して絶対に自説を曲げません。だから、周りの人たちも「もういいわ、そうしましょう」ということになります。

この参宿さん、子供の頃からすでに本性丸出しで、物事に夢中になりやすくて、聡明です。とにかく、周りに無頓着で、自分がしたいと思ったら、なんでも即座にやってのけますし、その頑固さは無比です。三歳の頃から、親兄弟といえどもかないません。掃除をすればするで、「私がするの、私がするの」と道具を全部取り上げてしまいます。周囲はうんざりしながら、反対にそこら中を汚してくれるさまを眺めるばかりです。

小学生時代の参宿さんいわく。

「私は、鬼ごっこや石けりなど、何をしても子供の遊びが全部だめなの。〝あんたが居るから負けるのよ〟とみんなにいじめられるの。だから私、勉強がんばる。誰にも負けない。絶対みんなを見返してやるんだ」

そして、宣言どおりクラスで一番になり、高校時代には、全国英語スピーチ大会に優勝します。やがてK大学に難なく入学した参宿さんを待っていたのは、その頃起きた学生運動の激しい渦巻でした。何か弱いものに味方をしたい、そう思い立ったら身体を張ってでも成し遂げようとする参宿さんの本性は、そこで、遺憾なく発揮されます。そのさなか、友人のリポートや論文まで書いてやるという早わざもしました。本来の学問もできなかった寂しさの中でさえ、友人たちとの交流だけは、今も満ち足りたキラキラ輝く青春の思い出とし、深く心に残っているといいます。

卒業後、若い教育者として、夢と希望にあふれていた彼女に待っていたのは、多忙を極める教員生活そのものです。子供とお相撲を取ったり、給食の世話、おしっこの始末など、彼女が考えもしなかった生活が続いたのです。

夜は十一時頃家に帰り、それから夜が白々と明けるまで、残った仕事をして、夜明け前に一時間ほど仮眠してから、また学校に出て行くという日々が、しばしば続きました。

だんだん年を経るにつれて、本来、好きな英語を教えたいという気持ちに駆られて中学校に移りました。しかし期待に反して中学校はそのころ大荒れで、授業時間が来ても私語・ゲーム・トランシーバーをする子や、教室の外に出て行く子、女なのにスカートをめくってストーブの上にあぐらをかいて座っている女の子たち――まるで動物園です。「静かにしなさい！」と注意をすると、「くそばばあ、てめえがうるせえんだよ」という答がもどってくる場面がありますそんな子供に対する山ほどの生徒指導・地域の父兄問題・研究授業・採点などがおおいかぶさっています。明け方まで働いて、またヨロヨロと出て行く毎日です。

〝あなたが心配だから、もう辞めてちょうだい〟とみんなが懇願しても、参宿さんは一向に聞き入れません。

それでも辞めないで、生徒のために個人的な教材の数々を作成し、英語の新しい教え方を研究します。それは、参宿ならではの頭脳とアイデアの斬新さを駆使して誰が何と言おうとやり遂げるという、生来の強靭な気力なしには、とうていできないことです。

私も参宿には頭が下がります。私にはここまでできないでしょう。

最後の五年間は、軽い身障児の特別クラスを担当しました。参宿さん自身が、足や肋骨にけがをしていたので本人自身もやはり大変でした。初めてのクラスでは、マユちゃん（仮名）という可愛い女の子を教えることになりました。マユちゃんは角宿で、参宿さんとは〈栄・親〉の間柄です。例によって参宿さんは、夢中になり、なりふり構わず面倒を見ることになります。マユちゃんは、器用な角宿にふさわしくピアノが弾けて、きれいなものにはなんでも飛びつくので、パソコンで絵を描くこともできるようになりました。「センスがいいわ……」と、参宿先生が得意になった途端、何か気にくわないことがあってパソコンは窓から放り出され、校庭にあった男性教師の車に当たって穴があいてしまいました。このような事件が連続し、果てしなく続きました。マユちゃんの面倒をよく見ることのできない両親に代わって、参宿さんは夫を動員して海を見せに連れて行ったり、とうとう三年かけてマユちゃんの卒業までこぎつけました。

次に担任したのは、男の子と女の子の二人でしたが、またもや事件の連発で過労の連続でした。そして参宿先生は、ある日、学校の門の前で倒れたのです。意識不明、一時は呼吸も止まりましたが、たまたま近くの病院に非常に有能な先生がいらっしゃったおかげで、幸運にも何とかこの世に戻ってくることができました。四ヶ月後、退院した時には心臓に関する四つの病名がつけられていました。それでも、あの子供たちが卒業するまではどうしても学校に行くのだと言いはって、夫や兄弟の忠告も聞き入れません。その子供たちが卒業すると同時にやっと参宿さんも〝卒業〟となり、一人の教師としての懸命な長い長い道のりが終ったのです。

参宿さんが女としての一生を捧げ尽くした夫は翼宿さんで〈安・壊〉の間柄です。せっかく築き上げた会社もバブル崩壊後深刻な打撃を受けて倒産してしまいました。でも、この二人の明るさと結束は固くて、周りの私たちに微笑ましさと勇気を与えるのです。

さて、みなさまは、この参宿さんの一生について、どんなご感想をお持ちでしょうか。おそらく、素晴らしい生涯だったと思われる方と、痛々しくて、悲惨な生き方だと考えられる方と、両極端に分かれると思います。

もし、この参宿さんが若い時から、はっきりとした自分の考え方を創り上げ、年老いてから生涯を振り返って、心から大満足できるとしたら、それは本当に幸福です。

しかし、信念もなく、持って生まれた気質のまま一生を無我夢中で突っ走ったあげく、ある時突如病気にかかったり、あるいは生きる上で必要な家や財産がほとんど無いのにふと気づいて、愕然とするとしたら、一体その人生は何だったのか……と、いうことになります。

参宿さんにとって最も大切なことは、人生の終りに、「私は良くやった」と心から思えるような生き方をすることなのです。

それには、若い時に生き方の基本となる価値観を確立し、一生涯その信念を貫き通すことです。いいかえれば、参宿の人にとって幸せな生き方とは、生まれつき自らの心の底にある優しさと正義感を深く自覚した上で、悪賢い人びとに利用されたり、無自覚に突っ走ったりすることなく、〝白刃踏むべし〟という生来の強さで、自信を持って活かし切ることです。

『宿曜経』には、「参宿の人は聡明だ」とも記されています。確かに私の知っている参宿の人はみんな頭がいいのです。いつどうしたのか分からないうちに、勉強ができています。仕事もそうです。要するに、あたり構わず、自分の身体的状況なども一切考慮せず、たった只今の瞬間に打ち込むからでしょう。しかしこの聡明さは、私の永年の経験では、やや理想主義的で世間的な智慧に欠けるところがあるような気がします。

生き方の違いは、各宿それぞれですが、二十七宿中、星宿・参宿・鬼宿は三大働き星といわれています。それぞれ働き方の違いはありますが、参宿ほど〝剋〟な働き方をする宿の人は他に類がないでしょう。

それだけに、参宿の人を育てるのは大変です。ご両親は子供の時から、参宿さんがどんなに突っ走っても、本人が自分自身の正しい判断を見失わないよう、根気よく導いていくべきです。当然本人も、客観的普遍性を持った現実的で正しい判断力を自らの血とし、肉としておかねばならないでしょう。これが参宿の人の一生の吉凶を分けることになります。

八つの目の前からスーッと消えた私の初版本

参宿は、一方で「生を受くること弊悪《へいあく》にして、多く悪業《あくごう》を造《な》し、守獄《しゅごく》の卒《そつ》と作《な》らん」ともいわれます。〝生まれつき大変に非道徳的で多くの場合、人の道にもとることをたくさんして、死後は、生前の悪業のために地獄に堕ちてくる人びとを責める鬼になるでしょう〟という意味です

（『宿曜占法Ⅱ』「三昧神足品」の項参照）。

参宿にはたまに、この内容を想い起こさせるような人がいるものです。

その日、ちょうど刷り上がったばかりの『宿曜占法Ⅱ』の初版本が一冊、初めて出版社から私の事務所に届けられました。この本の宣伝のために、翌朝、インタビューに来る人に渡すべく急いで持ってきてもらったものです。ちょうどその時、知人の四人が訪ねてきて楽しく話し合っているところでした。その本は、コーヒーテーブルの上に置かれ、知人と私を含めて十の眼が本にそそがれていました。知人たちはすぐにでも読みたいから買って帰りたいといいますが、訳を話してこの次にということで納得してもらいました。

ところが、皆さんが帰った後、ふとテーブルの上を見ると〝本〟が忽然と消えているではありませんか。一瞬、困惑と冷汗で一杯になりました。あちらこちらと部屋中捜し回ったあげく、もしかして先ほどいた四人の中の誰かが間違って持って帰ったのかもと思い、電話をしましたら、一人の方が「あの男性じゃないかしら、あの参宿さん、いつも先生の本持って帰っていますよ、今日は全然気がつきませんでしたけど」というのです。

私の本をそれほどまで読もうとして下さるのは、とても有難いのですが、とにかく翌朝に間に合せなければと思って、もう一度参宿氏のお宅に「もし間違って私の本を持って帰られたのでは？」と電話すると、奥さまがでられて「夫は今いません。うちの主人がそんなことをする筈がないでしょう」とけんもほろろのご返事です。

そこで、たまたま側にいた夫が代わって、「今警察に届けたところです」と伝えたところ、ご主人（参宿氏）が急いで電話に出られて、「いやぁ、お借りしただけですから」とのことです。

この方は市の民生委員までしておられて、電話の直後に警察を通して、問題を大きくしないでほしいと連絡させることまでなさいました。参宿だなぁーと、つくづく思ったものです。

一方、私にとって大変に重要だったインタビューの方は、これではもうだめだと雑誌社に電話をして、泣く泣く延期していただきました。ご本人も警察も、私にどんなに迷惑をかけたかなど小指の先ほども感じていらっしゃらないことでしょう。この参宿さんがその後民生委員をお辞めになったかどうかは分かりませんが、後日、この参宿さんが民生委員であることを思い出して〝もしも、あの参宿氏のことで困っている人がいたのでは……〟という考えが、ふっと私の心の中をよぎったものです。

例の新刊書については、代金を、そして他の何冊かについてはまとめて送り返されてきました。しかし、〝困っている人を世話しなければならない人が、あれではねえ……〟と私の心の中には今も釈然としないものがあります。

井《せい》宿《すく》

論争せず平穏に人生を送りましょう

井宿の人は、人にすぐ同情してしまう優しさと正義感にあふれています。

ところが、二十七宿中一番の理論家で通っている井宿さんは、常に理論武装をして自分を論理的に表現しようとします。それで、周りの人びとや物事を客観的に見て、とかく批判的になりがちです。

しかも、なかなか辛口で、人によってはくどいところもありますから、厳しくて冷たい人ではないかと思われがちです。本当に紙一重のところで〝優しい人〟か〝怖い人〟かになってしまうのです。

井戸は、どんな人にでも、綺麗な水を汲み出させてくれます。水は叡智を表わします。ですから〝宿徳の星〟といって、井宿の人は生来智慧の泉をもつ幸運を授かっています。この智慧を、優しく分かり易く多くの人びとに授けてあげるのが、使命の一つでもあるのです。

『宿曜占法Ⅱ』で、私は、〝蓮華の水に在るが如く〟という句を井宿さんに贈りました。いかなる場所にいても慈悲の心を忘れずに、清浄な花を咲かせてください。

男性三人の井宿さんへのインタビュー

言うことが理路整然としている、いや、口うるさい人だ、というように皆さまのご意見が二つに分れてしまう井宿さんについて、ここではご本人たちにインタビューしながら、少し深く掘り下げてみようと思います。

男女五名の井宿さんにお願いしましたが、結局、男性三人の井宿さんが応じてくれました。このインタビューを読まれた後で、皆さまも井宿さんの本質を見直して、良いお付き合いの方法を発見されることでしょう。

質問の内容は、①『宿曜占法』の井宿の項を読んで当たっていると思われますか、②理論好きで、論争したら相手に勝つと思いますか、③資料は収集しやすい方ですか、④ご自分はどんな人間だと思いますか、厳しい人か、優しい人か、正義の味方か、怒りやすいか、⑤奥さんのことをどう思っていますか、⑥理想の人生は、⑦お身体は丈夫な方ですか、⑧つまらない人に騙されやすいと本には書かれていますがどうですか。⑨その他に一言あればどうぞ、などというものです。

お年の上の方から始めました。

──怒髪天を衝く元政治評論家──

若い時はある政党のスタッフだった元政治評論家。一見温和で優しく、インテリという感じです。七十代後半に入ったというのに六十歳くらいにしか見えない不思議な人で、大学時代からウエストのサイズが変わらない、というのがご自慢です。もちろんおしゃれです。

現在は著作活動や評論の世界から一切引退して、〝「真」と「善」については何となく分かったが、「美」についてはよく分からない。美しい音、美しい声とは一体どんなものだろう〟と、超一流のボイストレーナーの大先生について、発声の基礎から勉強しています。ゆくゆくは、カンツォーネやリードをイタリア語やドイツ語で歌うのが目的です。一方カントリーライフが性に合っていてバラを庭一杯に咲かせたり、手製の独創的なハーブ料理をご披露したりするのも日常の楽しみに加えています。

かつて世界中を飛び廻って各国を訪れ、総理クラスの人にあったり、毎日、侃侃諤諤《かんかんがくがく》の議論をして暮らしていた人のようには見えません。もっとも芸大の彫刻家の先生に、「彼の顔は、仕事をしていた時と今とは全然違いますね」と言われたことがあります。本人も周りの人も気がつきませんでした。たぶん、柔和になったのでしょう。

私：あなたは二十七宿中一番の理論家です。議論をしたら誰にも負けないので、井宿には議論を吹っかけるな、といわれています。当たっていますか？

井：まあ、そうかも知れませんね。議論は好きですし、とにかく高校（旧制）時代から鍛え上げてきましたからね。しかし議論をするのは、勝つとか負けるとかのためではなく、どの考えが最も筋が通っていて、誰が聞いても納得できるか、つまり「真理」を明らかにすることが目的なんですよ。議論は、客観的普遍性を追求するための手段なのです。
ところで、僕は一度聞いたことは全部覚えていて、後から二時間分ぐらいのメモは、きちんと作れるんです。これは中学の入試で昔は口頭試問があって、記憶力が勝負のカギだったからその時身に付いたものでしょうね。
私：井宿の人は理屈っぽい一方で、心の中は正義感と人への同情にあふれていると言われています。どうですか動物や草木なんかも上手に育ててしまうとか。
井：そういえば、僕が通るとたびたび知らない犬が、飼い主を放っぽってクンクンと僕のそばに寄ってくるんですよ。
親兄弟には、彼らがどうあろうと、もちろん情をかけるべきだと思いますよ。「親に対しては、三度説得しても聞いてくれなければ泣いてそれに従う」と『小学』という中国の古い本にありますね。そういうものだと思います。
正義感といえば、僕の叔父が、いつも面白いことを言います。「お前さんはなまじ〝正義の味方〟なんていうのを一生やってたから、帝国大学を出て外国の大学院にまで行っても、朝・夕、リムジンが家まで送り迎えに来るようなことにはならなかったんだよ。官僚にでもなってればなぁ……」って。遊びに行くたびにいうんですよ、家内が笑っちゃって、おじさんの河内弁の方がもっと面白いって。
私：本職だった政治の世界をどう思われますか？
井：何と言っても、日本は「ファー・イースト」――世界の遙かなる東の果てですからね。つまり日本人は世界の田舎者なんですよ、だから政治家は、世界全体の動きを長期的な視野で見ることができないで、お金だけをむしり取られて、その上バカにされることがしばしばあるんです。それに外国語に弱いから黙っているしかないんでしょう。その点は学界もマスコミも同じですよ。
私：やはり相当厳しいお方ですね。
井：ええ、ある面ではね、たとえば車を運転していて、たまにひどい運転をする奴がいるでしょう。その時、カーッと怒ると、瞬時に車の窓ガラスが全部曇るんですよ、僕の怒りの毒気が車内に充満するんですかね。
人から無理に仕事を押しつけられた時など、怒りはもっと激しくなって、それをこらえていると、足や腰が痛くなったりして内向していきますよ。怒気が体内に充満するんですね。
私：つまらない人間に騙されたことなどありますか？

井：大きくて長期的なことには用心深いから騙されませんが、たとえば、この間なんか田舎の別荘にいた時、お料理屋の息子と称する一見ハンサムな〝お兄さん〟が刺身を売りに来たんですが、べらぼうに高くて、不味いのをうまく買わされましたよ。
私：奥さまについてはどう思われますか？　お聞きしたところによると、奥さまの〔幸福論〕と、あなたのドイツ流〔人倫論〕について、たまに論争されるそうですが。
井：彼女の〔幸福論〕は英国流の論理をふまえたものというより、むしろ東洋的な感情・情念の論理です。だから私たちが身につけてきた西洋流のギシギシ積み上げていく理論とは、かみ合わないいんです。私から見ると理論も何もあったもんじゃない。四方八方どちらからでも攻められるわけです。ほら、ヤクザが丸太ん棒振り回しているのと同じですよ。しかし感情論としては、ちゃんと態をなしているんです。
でも、明るいですよ。私と違って、風邪をひくと朝・昼・晩にアイスクリームを食べるとすぐ治るとかいって実行していますよ」
私：楽しい奥さまじゃありませんか、〝井宿の人は良い妻を持って幸運である、たとえ官厄にあっても逃れて前より良くなる〟などと『宿曜経』に書かれています。どう思われますか？
井：本当に良い妻を持って幸せですよ。
私：あなたにとって〝理想的な人間の生き方〟というのはどういうものでしょうか、教えてください。

井：王陽明という中国の哲人が「格物致知」といい、ドイツ観念論の巨峰カントも「物そのもの」といっています。全て人物や物事の本質（本性）をつかみ、それと一体になるということです。その上で、誰にでも適用するような表現の仕方を組み立てて、それを実現して行くということでしょうか。

人間の一生で言えば、生きる本質は、創造活動、つまり物を作り出す活動です。生涯のどの時期まで、どんな形でそれを実現し、その次の時期にはどうする……と一生の計を若い時に立てて、その計画にそって生きることです。今は悠々自適、美を求めて歌を唄い庭を作ることです。もちろん、これも孔子の受け売りですがね。

――情報収集に秀でた占術家――

年齢は四十代後半の働き盛り、中年というのにぽっちゃりしたお坊ちゃんタイプで、独特なおしゃれをする人、広いブックセンターの中で見失っても大丈夫すぐ見つけられます。生まれつき占いが大好きで長じて占術家になった人。

現在は、易占をする頼もしい奥さんと、猫のトモエちゃんと〝三人〟暮らしです。

この井宿さん、勉強家でいつも何かの占いに凝って勉強しています。それが著書になったり、占断のもとになっているのでしょう。
私は同じ質問を準備したのですが、私がインタビューするというと、「いいよ、いいよ、何でも答えちゃうよ」と言ってくださいました。
私：《宿曜占法》をご存知でしょう。井宿に関して自分に当たっているところ、当たっていないところがあったら教えてください。
井：だいたい当たっていると思うけど、ただね、僕ってすごく気が変わりやすいんですよ。あの〝評論家さん〟だって、その日になって、旅行に行くの行かないのって言ってるじゃないですか、実は僕もそうなんですよ。
私：井宿の人は情報のキャッチが早いから、それで変更したくなるんでしょう。
井：僕は、我ながら情報収集が上手だと思いますよ、どんな本や資料でも欲しいと思ったら必ず手に入りますから。それをきちんとファイルしておくから、いざという時に役に立つんです。
私：あなた自身について、もう少し話してください。
井：そうですね、僕は相手を論破したいんだけどできませんね。ボキャブラリーが少ないのかもしれないね。
それに僕はペシミストだと思います。裏にコンプレックスがあるのかなぁ、人間に対する皮肉屋さんなのかなぁ。いやーな角度から人間を見るんですよ。それと意外に権威に対して反逆心が起こってしまうんです。
私：でも弱い者に対して親切で優しいんじゃないですか。正義の味方バットマンみたいに。
井：さぁてなぁ、本当に親切か優しいかというと、どうかなぁ、疑問だなぁ。もちろん弱い人や困っている人にはできるだけのことをしますけど、心の底から正義の味方じゃなくて。それに行動の伴わない正義の味方なんてあり得ないしね。
相手によりけりで、甘くなったり辛くなったりしますよ、僕は自分にも人にも甘いんで。どちらにしても厳しいのは嫌いです。
自分を抑えられる環境に直面すると、すごく性格が悪くなるんです。自分でも分かるけど……。
私：複雑な心境なんですね。
井：それはもう複雑すぎて、僕の気持ちなんて誰にも分かりませんよ。それに考えがコロコロ変わっちゃうんですよ。
日本人の意識は低いなぁと思いますよ。僕もその一員ですけど、世の中って嫌いです。僕は世の中をすがめで見ているんですよ。〝すがめ〟って分かるでしょう。だいたい世の中は腹が立つことが多すぎますよ。

私：じゃ、いつも怒っていなければなりませんね、奥さんはとても一生懸命にあなたの話を聞いてくださるそうですが。
井：僕って、何か理に合わないことや、不遜な人間に逢ったりすると、突然不機嫌になったりして。それで夜中にそれを思い出したりすると、うちのを揺り起こして話を聞かせないと気が済まないんです。それに、僕って家では想像外に口うるさいんですよ、七対三で、七は僕が悪いと思います。
私：正直ですね、七対三ですか、奥さんがある日突然にいなくなったりしたら大変ですから、気をつけてください。もし、生まれ変わったとしたら、同じ奥さんにしますか？
井：そうですね、同じでいいな、もしくは、全然結婚しないか、どちらかですね。
私：ところで、身体は丈夫な方ですか？
井：イヤー、子供の時は病気の連続でした。死ぬ時の、背中のあたりが冷たぁーくなる感覚を何度も経験しましたよ。喘息ですよ。
私：理想の人生ってどんなものだと思いますか？
井：健康で、良い人間関係が持てて、ご飯が食べられることだと思います。
私：全くその通りですね。みんな苦労の素は〝人間関係〟ですものね。どうもありがとうございました。

——議論に強い温厚なエンジニア——

エンジニアの井宿さんにお聞きしました。いかにも温厚なこの方、奥さんと娘さんがニコニコ顔でお父さんどういう答をするのかと面白がっているようです。
私：『宿曜占法』に書いてある「井宿」は当たっていると思いますか？　当たっているとしたらどんなところでしょう。
井：温厚なインテリタイプ……、ウーンそうかも知れない……（笑い）。静かってほどじゃないけど。そう言えば、小学校の時はお婆ちゃんのいる田舎にズーッと行ってたなぁ。それこそ野山を駆け巡りっていう休日だったなぁ、短くてもこんな経験して良かったよ。
情報集めに走ったり、データを細かく取り分析することは仕事柄よくやりますよ。たくさん集めることでかえって安心しますからね。
それから病気のところはよく当たっている。ストレスはたまりやすい方だし、気管支炎になったこともあるしね。それに化膿しやすいし。それから開運法に書いてある生霊《いきりょう》を受けやすいというところも心当たりがあるね。確かに自分の身体が急に不調になったことがあったよ。遠くにいる友人とお婆ちゃんから受けた時だったけれど、すごくいやだったなぁ……。
私：あなたは自分自身、どんな人間だと思いますか？

井：ウーン、どういう人間だろう？
考えている様子ですけど、そんなこと聞かれてもネエ、という顔をしています。
私：議論は好きですか？　理論で相手を論破できる自信はありますか？
井：議論好きというか、感心があると黙っていられなくなるね。口げんかに勝つかどうかは分からないけれど、強いんじゃないかなぁ。
それを聞いていた軫宿の娘さんは、
「強いんじゃない？　なんて自分で認めるところがいいよねぇ。すましてそんなことという人少ないと思うよ……」
といってニッと笑っています。
私：厳しい人ですか、優しい人ですか？
井：それは相手によるかも知れない。厳しく接してしまう人と、可哀相だと思うとつい優しくしてしまう人がいるかな。威圧的な上司は苦手。ちゃらんぽらんで生意気な後輩もいやだな。
私：正義の味方ですか、どんな時に本当に怒りますか？
井：正義感は強いと思うよ。曲がったことを言われると反論したくなるし、理屈の合わないことを堂々と言われると、頭に来ることが多いよ。
私：奥さんはあなたのことをどういう人だと考えているとお思いですか？

井：一言でいえば〝短気〟だと思っているでしょう。それから何でもホイホイ引き受けてくる人と思っていると思うよ。よく言われるから……。
でもね、うちのカミさんも何だかいろいろ忙しくしてるよ。日曜日なんて、用が入っていない日の方が少ないからね。あれやってると思ったら、これやってるって、それはもう忙しいよ！
と自分のことのはずが奥さんのことをペラペラ話し始めました。奥さんがいないと淋しいんですね、甘えん坊は井宿の特徴ですものね。
私：『宿曜経』では、井宿の人は〝宿徳の星〟といわれ、特に男性は良い妻を娶ることができるとありますが、どうお思いですか？
井宿さん、奥さんとお嬢さんが側にいたので、天を仰いで黙然としています。〝そう簡単に認めるものか……〟という感じです。でも奥さんの話によると、上司の奥さんに、「いい奥さんと結婚したわね！」と言われたのを本人はしっかりと記憶しているそうです。日本の男性って言いたいけれど言えないんですね。
私：動物や草花を育てるのは好きですか？
井：好きですねェ。動物は可愛いとは思うけれど飼おうとまでは思わない。死んだ時可哀相だったからね。

そう言えば、この井宿さん、ウサギを飼っていた時、夜中に〝二人っきり〟で、ウサギの頭をなでながら「オイオイ、お父さんといるのもいいだろう。そうか、そんなに嬉しいのカァ……」といっては幸せそうな顔をしていたと聞きました。
私：『宿曜経』に「つまらない人に騙されないように」と書かれてありますが、いかがでしょうか？
井：ウーン………。
心当たりがあるのか、無言です。正直ですねェ、否定はしませんでした。
私：理想の人生はどういうものでしょうか？
井：そうですねェ、まあ、こんなような毎日……ちょっと不満はありますけど……良いと思っています。
さわやかな井宿さんでした。

——インタビューの締めくくり——

インタビューに応じてくださった三人の男性は、両親の人柄も、育った家庭環境も、周りの社会状況も、みな違います。そして三人三様の人生を歩んでいますが、すでにお気づきのように、いくつかの共通点があります。

先ず、手法は違いますが、情報の収集が上手で、それをよく分析した上で仕事や日常生活に役立てます。

勉強家で、自分のしたいことには大変な努力を惜しみません。

一方、世の中に対して批判的だったり、時には強い憤怒の情を抱いたりします。もちろんそれは正義感の故で、弱い者に対する優しさから来ていますが、とにかく心の内では怒りやすく、しかも強烈です。過ぎると身を傷《やぶ》ることになります。

感情や情念を素直に表現できず、本当は人情家で、動物や草花が大好きなのに、自分で、そう見られないようにしてしまったりします。しかも、ともすると人を批判することが多いので、井宿さんをよく知らない人には感情の屈折した、気の変わりやすい、いやな人だとか、理屈っぽくて冷たい、怖い人のように思われます。常に、感情を素直に表現して、明るく穏和な心を保つのが、幸せな一生を送る秘訣です。

何かにこだわると、解決するまでそれを気にして大変です。そのために自分の身体や心を傷つけたりします。

妻を自分と平等な一個の人格だと考えていて、他の宿の多くの男性のように、女性を見下したり、無慈悲な態度をとりません。

その分、対等に教養を身につけ、常に優美さを保つことを求め、またそのために協力もします。

そこで、家庭では口うるさくなるのでしょう。

経済的には困りませんが、子供の時弱かったり、何かの病気を抱えたりします。

人にものを教えるのが大変上手です。その上、人に何かを頼まれると断り切れなくて、必ずといって良いほど頼みを聞いてあげます。エネルギーの弱い人はほどほどにしないと、ストレスをためることになります。

鬼《き》宿《すく》

周りの人に幸福をあげてください

鬼宿は生まれつき人に幸運をもたらす徳を授かっていて、大地を守護する大任をまかされています。鬼宿の人は、日々の生活や仕事を通じて、この役目をいろいろな形で実践していきます。もし厚い信仰が加われば、災いを避け、身を守ることができて、長寿を全うします。

ところが一方、鬼宿の本性は根っからの自由人で、それも〝自己流の自由〟を貫きたい人です。どんな財も名誉もこの〝自由〟と引き替えにすることはないでしょう。

当然、人との争いを好まず、人と争うくらいなら逃げた方がましだと、平和で安穏な生き方を選びます。しかし、とことん追いつめられると、決然とした態度で、その人とは永遠におさらばをします。

この場合の〝自由〟とは、道学者や哲学者が長年かかって理論づけてきたような難しいものではありません。豊かな感性が楽しいとか好きだとか感じるとおりに、素直に、しかし忍耐強く生き抜くという意味です。

それだけに、鬼宿の人には、〝人に幸運をもたらすために〟、その鋭敏な感性を一生涯陶冶し続けることが求められます。その努力がないと、人の心など全く読めない、自分勝手で独りよがりな、鼻持ちならない気ままな人間になって、無為怠惰に一生を送ったり、考え方の違う者を寄せ付けなかったり、あるいは自分の嫌いなもの、いやなものから逃げ回ってばかりいる、狭量で怯懦な、社会的に通用しないつまらない人間になりかねません。

ヨガの先生インドラ・デヴィ

──〝自己流の自由〟を生き抜く三人の女性──

ここでは、ヨガの修行や職業軍人として、自らを磨き上げながら、人びとに幸運をもたらし、〝自己流の自由〟を貫いた二人の外国人女性の一生をご紹介いたしましょう。

私の生涯で、大好きな同じ宿の女性が二人います。私を含めて三人とも〝命宿が鬼宿〟です。『宿曜経』を全然知らない人同士でも、お互いの本性が何となく分かるものです。相手を束縛しないでごく自然にそれぞれの生き方を認め合ってきたので、長続きしたのでしょう。

まず一人目は、アメリカ留学中に出会った、ヨガのインドラ・デヴィ先生です。彼女は白系ロシア人で、大使館勤めの夫を持っていましたが、私が初めてお会いしたときは独身のように、自由に振舞っていました。数人の素敵な女性のお弟子さんたちとアメリカのビバリーヒルズに住んで、女優さんたちにヨガを教えたりしながら、世界中を飛び回っていました。その頃、私は母が日本から送ってくれた先生の著書『いつまでも若く、美しく』（ダイヤモンド社刊）の本で、ヨガの独習をしていたのです。

ある日、彼女がワシントンＤ・ＣのＹＭに講演に来ると聞いて行ってみました。私が先生の熱烈なファンで本の中のことを忠実に実行しているのを知って、驚き、私を特別エクササイズのクラスに入れてくれました。

そのヨガのおかげで、少しも無理なく心身共に軽くなって、階段などをフワフワと飛ぶように上り降りできる自分を発見したのを覚えています。今でもその爽快さは忘れることができません。

それから二十五年くらいは彼女の教えてくれたヨガのとりこになってしまいました。一週間の断食なども平気で一年に二度はしたものです。レモンの汁と、蜂蜜を少し入れた水だけで、あとは一切ダメというものです。

インドラ・デヴィさんは、その頃中年をちょっと過ぎていました。サリーのすそをうまく足に巻き付けたまま、逆立ちのポーズをしてしまうのにはビックリしました。

私は彼女と話をするのがとても楽しみでした。それこそ彼女は天から降ったような〝自己流自由人〟でしたが、誰にでも優しく真剣に健康に向かわせる努力をしていました。アメリカ人の中にはリュウマチの婦人が多く、大変だったと思います。

「心の中に思うことは必ず実現されるのよ。例えばピン一つだって、たった今、入用と思って歩いていると必ず落ちているものなのよ。大きいことでも同じなの」

「それでは、私は今に大学で教えたいと思っているの、これはどうでしょう」

「もちろん、あなたがなると決めればよいだけなのよ。願ったことは必ずそうなりますからね」

と言われて、内心幸福感が湧き上がりました。以来、私は〝思ったことはそうなる〟主義です。

インドラ先生は、本当にたくさんの人を健康と幸運に導いた人です。鬼宿の本性、人に幸福をもたらす、という善いことを実践するためには、自分の幸福も培《つちか》わなければいけないというヨガの教義を指導するのが先生にとって最も幸せな行為だったのでしょう。〝自己流の自由〟を得るためには、一生の中で何か大きな犠牲もあったと思います。鬼宿同士はあまり相手を詮索しないので分かりませんが……。

私はその後、大学院の卒業式を終えて帰国することになりましたので、インドラ先生ともお別れになってしまいました。

アメリカ女性軍人・ヴァージニア・シャレットさん

帰国後、州立メリーランド大学の日本分校に日本語講座を持つことになりました。

ここで、私は次なる鬼宿女性と出会ってしまったのです。

ヴァージニア・シャレットさん、五十歳代だったのでしょうか。女性軍人の先駆者で、佐官クラスの、乗馬の名手です。背中がしゃきっとしていて、いわゆる英語で言う、〝ハンサムな女性〟というのはこういう人を言うのかと思いました。

常に優しさ、暖かさがふんわりと伝わってきます。私たちは最初の講義のあと、すぐにお友だちになってしまいました。彼女は陶芸を趣味にしていたので、日本中、あちらこちらの陶芸家を訪ねて歩きました。益子焼の浜田庄司氏はまだその頃ご健在で、古風なお家に招かれました。浜田氏は英語がおできになるので通訳は必要ありません。

それにしても、彼女の日本語は下手で笑えます。彼女が母に会ったとき、同じ申《さる》年ですから、そうです。今年ヴァージニアは九十七歳になりました。時どき私がペンシルヴァニアに電話を「アナタトワタシハモンキーズデース」などと言って母を喜ばせてくれたことがありました。

かけます。すごく喜んで、「この電話を発明した人って善い人ね、セツコの声がお隣の家にいるように良く聞こえるわ、ちょっとコーヒーでも飲みに来ない……とか言えそうね」と。

本題に戻りますと、ヴァージニアはやはりすごい〝自己流自由派〟なのです。ニューヨークの名門・バッサ女子大をあれほど昔に卒業しているのに、愛国心に駆られて軍隊入りを志願したのです。退役するまでがんばったのですから大変だったでしょう。彼女は病院にいて患者のメニューを指揮していました。それでお料理は特別上手です。アイゼンハワー大統領に招かれて握手されたとか、勲章をもらったとか他の人から聞きましたが、私は見せてもらったことは一度もありません。彼女はそういうことをひけらかせたくないのです。

「戦場にも行くでしょう、怖くない?」

と聞くと、

「私にはガーディアン・エンジェル(守護霊)が付いていて、危ないとき、いつも助けてもらっているの」

と本気でいっていますが、鬼宿としてその身を守られるのは彼女が本当に慈悲心があって、いろいろな幸福を他の人に作ってあげているからだと思います。

ドイツではやはり、戦後、生活が大変でした。ドイツに駐屯したとき女子画学生を連れ帰って養女にしたので、今では自分は独身なのにお孫さんもいるのです。日本でも、当時まだまだ物資が不足しているのを知っていて、周りの日本人をとても助けてくれたものです。

「あのね、ヴァージニアは結婚しないの?」

と、とうとう聞いてみたら、

「そうねえ、一度は婚約して結婚もうじきするところだったの。ある日、その人に奥さんがいると分かったとき、私、真っ青になったわ。それからあまり結婚には興味がないの。アラ、でもあの鎌倉の陶芸家のミスター小城《こしろ》なら結婚してもいいわ。あの人はとてもキュート、性格がいいもの」
ですって。

小城氏は京都出身で英語も話さない、一日中黙々と陶器とロクロにかじりついているだけの、ハンサムでも何でもないお父さんです。でも内心思いました。彼女は小城さんの心の優しさを見抜いていたのだと。でもやはり、鬼宿って変わっているなぁとつくづく思います。

ヴァージニアが退役して、アメリカに帰るときは、〝お供〟が多くて大変でした。彼女が日本で飼っていた犬のクロちゃん、猫のスーザン、そして〝オジゾーサマ〟です。

「セツコさーん、私、オジゾーサマ、アメリカに連れて行くことにしたの」

「どこにあるの？　そのオジゾーサマって」

「モウ買ってきたわ、六本木のアンティークショップよ」

と玄関に立てかけてある石を見せました。

「エーッ、これってお墓石よ」

「アラ、そうなの。でも可愛いから私気に入ったの」

オジゾーサマは古いお墓石で、八歳、何とか童女と刻まれているようで、ほとんどお顔はよく見えませんが、女の子の立ち姿が見えることは確かでした。

「でも、返してきてよ。お墓石だもの、これって……」

「私、このオジゾーサマ気に入っているのに……、でもセツコがそういうなら返してくるわ」

ところがある日、オジゾーサマはまた、戻ってきたのです。なぜかというと、小さな愛車ルノーにオジゾーサマを乗せて出発しますと赤信号のたびに運転席にいるヴァージニアにオジゾーサマがコツンコツンと当たって、彼女に返さないで返さないでと頼むのだそうです。たまらなくなって六本木からまた引き返してきてしまったというわけです。このオジゾーサマ、アメリカに入国させるのもまたまた大変でした。

退役後の彼女の生活は全く塗り替えられていました。たぶんそれは、長い間彼女が心の中に描いていた老後の自分流生活だったのでしょう。ペンシルヴァニアの生まれ故郷では、女性陶芸家として別な人生が待っていたのです。でも彼女は自分を束縛するものは一切排除したのです。自分を有名にして忙しくさせられるようなことは、ものの見事に全部切り捨ててしまうのです。そういうこともあって、陶芸家としてはほどほどに名が通っていましたが、忙しくはありませんでした。彼女の満足度は陶芸を楽しんでいることで、名前も陶器も売れなくて構わなかったのです。

彼女が帰ってから約束どおり、彼女の生家ペンシルヴァニアを何度も訪れました。夫とも、ある時は妹とも、長く滞在しました。

彼女の生家はまさに、アメリカン・アンティークそのもので、緩やかなスロープの中程に建っています。お庭はとにかくどこからどこまでなのか全く分かりませんし、隣の家というのも見えません。後ろは林。そして前方には広いグリーンの芝生に続いて、いろいろなお花の咲き乱れる草原が広がっています。オジゾーサマは、ズーッと右の方の楓の木の下にちょこんとたたずんでいました。それはそれは平和そうで、まるでもう百年以上もここにいたのよ……といった感じでしっくりと納まっています。きっとこの八歳の童女は本当に幸福なんだなと、安心で胸のあたりがスーッとなりました。夜になると時どき、子鹿や狸が出てきて私たちを喜ばせます。

私の一日は、彼女の下手なヴァイオリンの音で目を覚ますところから始まりました。

家の裏には小さな工房があって、ロクロを回して遊んだり、午後には近くの湖にドライブしたり、それは平和な日々でした。夕方にマーティニを一杯飲みながら、草原に沈む夕日を見るのも日課の一つでした。まさにローラ・インガルスの書いた『草原の我家』そのものです。

ヴァージニアは軍人だったし、それにアメリカ人特有の開拓者精神を受け継いでいるので、こんな田舎に住んでいても怖くないのでしょう。鬼宿さんにとってこの〝自由〟はきっと幸福の一語に尽きるのでしょう。命宿が鬼宿同士なので、相手が何をしていても一向に気にならず、何日泊まっていてもいい気分です。

この家は彼女のお母さんが特別好きで、あれこれと手を入れたと聞きましたが、こぢんまりと長年大切に住んだ良さが染《し》み込んでいるようでした。

ヴァージニアは二階で眠り、私は階下のリビングルームの次の部屋を使っていました。ある日の夜中、水を飲みに行こうとリビングルームの中を通ると、髪を後ろに丸くまとめてグレーのセーターを着たお婆ちゃんが、向こうの暖炉の方を向いて、ソファーの上にちょこんと座っています。普通にソファーに座れば横顔が見えるのに、何で今頃ヴァージニアがリビングにいるのかしらと不思議に思い始めて、ハッと思ったのは、ヴァージニアの髪型が全然違うということでした。それに夏の夜中にセーターなんて、どうしてそんなものを着ているのでしょう。

その次の日、親戚がたくさん集まってごちそうを食べ、お墓参りをすることになりました。大きな古風なトランクが開けられ、古い写真が一杯出てきて、みんなその写真を見ながらおしゃべりし合っています。すると、昨日リビングルームで見たお婆ちゃんとそっくりの写真が出てきました。今度はこちらに柔和な顔を向けていましたが、私が見たのと同じ髪型で灰色のセーターです。

「この方はどなた？　エッ、お母さま？　昨日リビングルームで夜中にお見かけしたわよ」

「それはそうよ、母はこの家の中で暖炉の前が特に好きだったのよ、いつもこの古い家の中にいるのよ」

と快活に話してくれただけで、その後の話は全くありませんでした。ごく普通で何の不思議さも感じさせない話しぶりでした。

一人ひとり、私も含めて三人の鬼宿さんにも困難な時期はあったと思いますが、誰ひとり、苦労したようには見えないのが鬼宿の特徴です。たぶん、幸福になるという目的に向け、いやなこと、嫌いなことを早く忘れようと努力するからでしょうか。

それにしても、〝自己流の自由〟を貫くには、やはり周りの人びとに必ずそれなりの迷惑をかけているはずです。そのことを深く胸に刻んで、人の心の奥底を読み取る感性を養うことを、忘れてはいけないと思います。鬼宿の人生の尊卑は、実にこのことを自覚するかどうかにかかっています。

それに、自分と自分の周りにいる人びとを幸福にすることは、よほど心に強く思わないと難しいことがあります。私は『法華経』を読誦することと、人と会うときには笑顔を心がけて、いつも楽しいのだ、幸福だ、と思うようにしています。そうすると周りの人もだんだん楽しくなってくることに気が付きました。

端で見ていると鬼宿の人の生き方は、一見とてもスムーズに滑っているように見えますが〝アヒルの水かき〟と同様、見えないところで一生懸命努力しているのです。三大働き宿の星・参・鬼の中の一宿ですから仕方ありませんが、それでも最後は、自分の趣味に生きたヴァージニアのように、スッパリと平和に年を取りたいものですね。

柳宿《りゅうすく》　人に甘えず自らを修めましょう

柳宿の人は、頭が良くエネルギーも多い上に人望があり、周りの人びとに支えられながら上昇するという、大変良い資質と運に恵まれています。

目上の人にも好かれます。それで運はいっそう上昇して、いろいろな恩恵をこうむることができます。柳宿の人を養子さんに迎えると、その家は栄え財産も増えるといわれるのも、もっともです。

ところが、本性として、そのように自分を支えてくれる周りの人びとの気持ちを理解できず、感謝の心を欠いているのも柳宿です。よほど修練を積まないと、晩年には親しかった人びとが離れて行くでしょう。

自分を支えてくれる人びと、特に親身になって面倒を見てくれた人への感謝の念を持ち続けて、それを表わすことができるようになれば、最高に運を活かせる人になれます。

男性には、女性の色香に弱くて、事件を起こしがちだという弱点があります。また、親兄弟に依存する心を持つと、生涯の不運を招くでしょう。

多すぎる同じご相談

〝占い〟を依頼にみえる方々を見ていますと、同じ宿の方は、よく似た問題で占断を求められることに気づきます。例えば、財産と女性に関するお話が多いのは、主に男性の柳宿さんで、しかもご相談にみえるのは、決まって母親か姉妹などです。

これには原因があります。目上の方に受けの良い柳宿の男性は、たいていはご両親、特に母親や姉妹などに可愛がられ、よってたかって甘やかされてホイホイと育てられてしまいます。そうすると、自分の欲望に対して抑えがきかなくなってしまう一方で、本性である依頼心が強くなり、女性問題を起こしたあげく、最後は親・姉妹に頼んで何とか決着をつけてもらうようなことになるのです。

きちんとけじめをつけて、自分に責任を持たせて育てられた柳宿さんは、ずっと運が良くなりますので、このように甘やかして育てるのは惜しいことだと思います。良い資質を活かしましょう。

男性の柳宿さんに関して思い出すのは、以前ＴＢＳの〝オフレコ〟という番組に《宿曜占法》のお話をするように頼まれた時のことです。ちょっと、話は逸れますが、その時、とても面白いと思ったのは、生番組の場合リハーサルがないので、それぞれの〝宿〟の人の本性が非常にはっきりと出てしまう、ということです。

その時の状況はこうです。私の左隣にいる司会の古舘伊知郎さん（参宿）は聴衆の方を真っ直ぐに見て、本当に強い仕事へのエネルギーを発散させながら話しています。その〝気〟のようなものが周りに響いてくるような感じです。和田アキ子さん（女宿）は、目の配り方や質問に無駄が無く、勘が良くて早わかりです。古舘さんとは長い間一緒に仕事をしているのに、とてもうまくいっていることを私に話してくれました。参宿と女宿は〈友・衰〉の間柄です。

ゲストとして、右隣に二人の柳宿さんが座っています。そのまんま東さんと勝俣洲和さんです。

私が二人の方を向いて、

「あなた方は、周りの人と、目下の人の支えが大きいのよ、感謝しなきゃね」

と言ったところ、二人はお互いに顔を見合わせながら、

「誰も下の奴らなんか良くしてくれないよなぁ」

と首を振ってうなずき合っています。でも、みんながテレビを見てくれているのも、今、ここにいるのも、いろいろな人の支えがあるからだし、特に東さんは女性問題を何度か起こしたのに、こうして仕事をしていられるのは、何か、そして誰かの支えがあったはずです。とにかく細かく説明している時間がありませんでしたので、

「奥さん（奎宿）のかとうかずこさんだけは、本当に大切にしないと運を逃しますよ」とだけは言っておきました。

というのは、東さんは柳宿で奥さんのかとうさんは奎宿ですから、二人は〈命・胎〉の間柄です。柳宿から見ると奎宿は胎に当たりますから、東さんが奥さんに尽くさなければならない深い因縁で結ばれています。奎宿は先祖の徳をいただいて生まれてきた人です。その方をよほど幸福にしなければ運は良くならないのです。

すでに千数百年前のお経典『宿曜経』の前身でもある『三昧神足品』に、柳宿について、こう書かれています。

……柳宿の人は、情欲が強いので、情事に夢中になって人を傷つけないように、くれぐれも注意しましょう。（『宿曜占法Ⅱ』「柳宿」の項参照）

この事も柳宿さんたちに話してあげましたが、たぶん解らなかったと思います。人は自分のことが判らないものです。自分がどういう人間で、他の人に対してどのような影響を与えているか、などといったことを、考えてもみないで一生を送る人が多いのです。

甘やかされた〝ボクちゃん〟

次の例は、永年のお知り合いの方で、星宿のお母さまと胃宿の娘さん、それに柳宿の息子さん、三人のお話です。みなさん、連れだって私の事務所にお見えになりました。お母さま（星宿）とお姉さま（胃宿）は、息子であり弟である柳宿さんを、何とか傷つけずに幸せにしてあげようという気持ちで一杯です。二人の女性は三十歳半ばを過ぎた男性を、いまだに〝ボクちゃん〟と呼んでいます。可愛くてしょうがないのでしょう。

当のボクちゃん（柳宿）はとても感じが良く、礼儀正しい、キリッとしたスポーツマンタイプの男性です。これでは誰もが、彼に味方したくなるような印象を受けます。

お母さま「先生には留学の時も就職のことでも大変にお世話になりました。おかげさまで望み通りの会社に入れました。今度、本人が前から知っていた女性と結婚することになりましたの。彼女は十四、五歳下ですが、ボクちゃんはもう決めてますの」

私「そうですか、それはおめでとうございます。では、これからどうしたら家庭生活を上手に送ることができるのかが問題ですね。特に外資系の会社にお勤めの場合、上司や同僚のみなさんとの家族ぐるみのお付き合いがおありでしょうから、奥さんの力を発揮していただかないと難しいですものね」

ながながとお話をし、特にご主人のお勤め先のことを考えて、

「普通の主婦のする礼儀作法や、お料理など一般的なことを、これからでも習いに行かせるように」

と、くどく言いました。柳宿さんも是非そうさせますとお約束をしましたが、結局、全然実行されませんでした。

ボクちゃんと危宿のお嫁さんとは〈安・壊〉の間柄です。そうでなくてもお二人とも大変な努力が必要になりそうです。恋愛結婚ではなくお見合いでしたら、「この話は見合わせてください」と申し上げるところですが、この場合はこのまま結婚に進むことは確実です。

後はもう大変です。母親は星宿ですから、大きく援助してしまいます。請われるままに大きなマンションを借りてあげ、家財道具はすべて揃えてあげました。お姉さまも、胃宿の凄い力を発揮してお二人（柳宿と危宿）の結婚式を盛り立て、最高のお膳立てをしてあげたのでした。なにしろ、星宿と胃宿が力を併せたら〝百人力〟になります。

ところが六ヶ月目に早くも破局を迎えました。毎日の普通の生活ができなかったのです。とにかくお嫁さんは遊んでばかりいて食事もろくに作らない、全く何も知らない有り様の、お姫さま同然の日々を送りました。何か言えば泣いたり、騒いだりして実家に帰ってしまったりの連続だったのです。とうとう、ボクちゃんもお手上げでお母さまに泣きついたのです。

当初のお母さまとお姉さまの怒りは大変なものでしたが、やむなく息子さんの問題解決に当たりました。これからもきっと一生懸命に柳宿さんの面倒を見ることになるでしょう。

私は占ってみて、問題を上手に解決できる「月」をお示ししましたが、柳宿さんは、危宿のお嫁さんに泣きつかれて、その月をはずしてしまいました。離婚届を早く出してしまえば、問題がこじれることはなかったでしょうに。愛されていないことを自分で気がつかないなんて、本当に莫迦ばかしい話です。

ここで私たちが学ばなければいけないのは、お嫁さんの一言で事件が起きる柳宿の男性のケースが多いということです。その場合、家族中が困ることになります。

財産がだんだん消えていく

次の例は、有名な酒問屋だったお家の姉妹と弟さんのお話です。ある日、三姉妹と弟の、四人兄弟の次女の方がご相談にみえました。ご両親はすでに他界なさっていたのです。

「近頃、財産のことで気がついてみると、ずいぶん自分たち姉妹の持ち分が少なくなっていて、不思議でたまらない。このままで行くと自分たちが相続していると思っている、現在のビルからも出なくてはならないのではないか、という心配が持ち上がってきたのです。その先行き不安な自分の運勢や、姉や妹の運を見てください」

というお話です。いろいろな占術を使って見てみますと、どう見ても弟さんが原因です。この弟さんは、家族と別の場所に住んでいるということです。

私はとうとう、こう申し上げたのです。

「ご自分ではお気づきではないかも知れませんが、この問題の主役は弟さん（柳宿）で、後ろで後押ししているのは彼のお嫁さん（心宿）ですよ、どうでしょうか、初めから私に弟さんのことを聞かれた方が話は早かったのですよ」

「アッ！　私は始めから弟のことをお聞きすべきだったのですね」

「たぶん、弟さんが可愛くてたまらなかったお父さまが、弟さん（柳宿）に有利な遺産相続をしておいたのです」

「そのことは、私たちも知っていました。父は一人息子の弟を可愛がっていたので、私たちも解っていたので、それは良いのですけれど、不可解なことが次々と起こって、私たち姉妹がみんなで住むことになっていたビルからも、いつか出なくてはならないのではないかという心配までしているのです」

「このままですとご心配の通りのことが起こります——柳宿さんは陣地取りが上手なのです——。私がご紹介しますから、すぐ法律的な問題をはっきりさせておくように弁護士さんの所にご相談に行きなさい。女性の弁護士さんですが、ご相談料だけで親切に説明してくださいます。安心ですから……、今年は長女の方に良い運が廻っていますから、お姉さまと妹さんも一緒にいらしたらどうですか、早くしておくことですね。時期の運もありますから、事がうまく運ぶよう私もご協力しますよ」

その方は、しばらくうつむいていましたが、顔を上げて、

「弟は小さい時から本当に可愛い良い子で、私たちはみんなとても仲良く育ちました。それを思うと悲しくなります」

と涙をぽろりと落とされました。

「そのお気持ちは解りますよ、良い想い出はそのまま心の中にしまっておけばよいと思います。一生の内には結婚した相手で変わってしまうことがたくさんあるわけですから。

そうは言うものの、みんなが家から出されてしまっては困りますもの、何か手を打たなければ……」

弟さん夫婦は、「心宿」（お嫁さん）と「柳宿」（弟さん）ですから、お嫁さんを〈命〉として〈命・胎〉の間柄です。〈命〉は〈胎〉に尽くします。しかも心宿は強力な宿です。何とか柳宿さんの味方になって、何でもしようという心構えでいます。もう相当に財産はあちらに移ってしまっていると見ました。

ご相談にみえた方は「鬼宿」で、心配性の上に、いつも実家や身内の心配をして働かなくてはならないことが多い宿の人です。もし本気で神仏にお願いされれば、問題解決の糸口が見えてくるでしょう。

星《せい》宿《すく》

積善に心がけましょう

星宿の人についていつも感心するのは、この方たちが、非常に現実的な感の良さを持っているということです。物事への対処の仕方が早いし、人助けも大きくするので、頼りがいがあります。善にも強く、悪にも強いので、両方の立場や行動・考え方などがよく分かりますから、人に騙されるようなことも少ないし、他の人を守ってあげることもできるのでしょう。

ダイナミックな行動をしますので、星宿の人のそばにいると、つい一緒になって働きたくなり、勇気づけられるのです。

しかし、気をつけなければならないのは、せっかちな行動と、一言いわなくてもよいことを言ってしまって悔やむことがある点です。さらに悪にも強い宿ですから、悪事に対しては厳しく自らを律することを忘れてはなりません。

神仏をまつり、帰依すれば、一生涯ご加護を頂けるのが星宿です。そのようなご縁を頂いたら大切にして、〝善〟を目指して人生を明るくしましょう。多くの人びとのよりどころとなります。

そのことが、ご自分への幸運として跳ね返ってくるのです。

壬生台舜先生―〝本当に〟星宿の人―

今回のお話は、〝善〟の形で生涯を燃焼させながら、悪知識をも見抜ける眼力を持って、何をするにもダイナミックで、いかにも星宿らしい生き方をされた、壬生台舜元浅草寺貫首について書かせていただきます。

ダイナミックな働き方お教えします

ある日、壬生先生（星宿）が、こうおっしゃるのです。

「僕が死んだら、学生だったみんなが追悼集を書いてくれるだろう。その時、上住先生は何を書いてくれるのかね」

「そうですね、先生は生粋の江戸っ子で、せっかち、落語が好きでした……とか書きましょうか」

「フーン」

と先生はうなったままでした。この「フーン」とおっしゃるのはあまりお気に入らないときの仕草です。先生は平成二年、七十七歳で浅草寺第二十六世貫首になられましたが、平成十四年六月十三日に八十八歳でご遷化《せんげ》されました。

私は大正大学で先生の講義を聴かせていただいていたことがあります。それで「先生、先生」と気軽にお話ししていたのです。先生が世界的に高名な学者さんで、しかも大僧正であることをうっかり忘れてしまうほど、私たち学生と同等に相対してくださったのです。

学校での先生のあだ名は、〝トゲ有り地蔵〟でした。学生の論文や話に、先ず厳しい批評や質問を浴びせるからです。大学は〝巣鴨〟のお地蔵さまの前を通って行きます。これでは仕方がありませんね。もちろんのちに〝トゲ抜き地蔵〟と変わりましたが。というのは、先生は学問をしたいという学生なら、日本人も外国人も別け隔てせず、どこの国から来た学生にも大きく手を差し伸べて力になってあげられたからです。それは、まるで大きなお袖にくるむように救ってくれるのです。これは、救うときは大きくという〝星宿〟の本性そのものが、最も良い形で出ている姿だと思います。

先生は、私が『宿曜占法』を書くきっかけを作ってくださいました。『宿曜経』はまだまだ研究の余地があるお経なので、その一つの道程として本を書きなさい」とおっしゃられたのです。

『宿曜占法』星宿の項を読まれてこのようにおっしゃいました。

「僕はね、お寺に生まれたからお坊さんになったけれど、もし普通の家庭に生まれたら、どちらかといえば商学部にでも行って、何か事業をしていただろうね。そうしたら六十歳くらいで死んでいたね、きっと」

「商人だと何故早く死ぬんですか？」

「たくさん飲んだり、好き勝手に暮らすだろう、そうすれば命は縮まるのさ。お坊さんはそうはいかないいんだよ、それにお観音さまがお護りくださるし」

「特に星宿の人は信仰を深くして、神仏をおまつりくださいと書いて良かったわけですね」

しかし、先生の論評は〝占い〟の部分ではありませんでした。

「そうだね、この本の『宿曜経』に関する部分は大学院の論文、というところかな」

と批評してくださいました。

壬生先生はどんなことにも知識と智慧があって、問題解決の大選手だと思います。何か問題が起きて、ことの顚末を話すとすぐにお答をくださいます。質問者の話を聞いた途端にお解りになってしまうのでしょうね。

「それには、解決策が二つあるね」

と必ず人差指と中指をV字型に目の前に出して、一つはこう、二つめはこうすればいいと、一本ずつ折っていきます。たまに三つ目が出てきますが、たいてい二つで難問解決です。そして、その通りにすると本当に解決するのですから不思議。どんな占いより早くて、まさに速答金メダリストだと思います。その解決策が、鬼宿の私には仰天するほど、本当に現実的で、世の中にはいろいろな問題解決の方法があるものだなぁと、つくづく感心したものです。それがずいぶん勉強になり、今も役に立っています。きっと先生が生き抜いてこられた、戦前、戦中、戦後を通じて、お寺の中も外も毎日事件の続出だったのでしょう。

先生の働き方といったら、十項目位を小さなメモに書いておいて、順番にパーッと終らせていくのです。ダイナミックな働き星の星宿とはこういうものかと思いました。のんきな学生などの動きはきっと、先生にしてみれば赤ん坊がヨチヨチ歩いているように見えたのだと思います。

先生は、学生の私たちをよくいろいろな所に、例えば、寺院・名所などに連れて行ってくださいました。先生の後について歩いている時、ちょっとよそ見をしていると、もういつの間にかずっと向こうに立っていらっしゃいます。急いで行くとまたあちらといった具合です。「もう……、先生は江戸っ子だから困るな……」なんてみんなブツブツ言いながら、まるで追かけっこをしているみたいについて歩くことがずいぶんありました。でも行き着く先には、大変なご馳走が用意されていたりするのでした。星宿の人らしいですね。

先生の周りには、何か暖かい太陽みたいなものが取り巻いていました。あるお弟子さんいわく、

「先生は大真面目なのに何となくコミカルなんですよね」

と、私もその通りだと思います。

学問をお不動さまに見守っていただく方法

壬生先生は、十三歳からお寺に入られましたが、もっと幼い時はお小僧さんのご修行に出されたそうです。なぜ僕だけこんな辛い思いをしなければいけないんだろう、姉さんや弟、妹は両親の元でぬくぬく暮らしているのに、と思ったそうですが、ご長男だった先生は、お家をお継ぎになる役割があったので、ご両親がそうなさったのです。

戦前から、浅草寺各部の執事長になられ、昭和三十三年に観音堂、四十八年には五重塔の再建に先生は大変ご努力をされ、その間、「西蔵《チベット》仏教の基礎的研究」で文学博士になられました。その他多くの論文や著書があり、四十九年に大正大学名誉教授になられました。

その他、先生の完成されたことがたくさんあり、項目を書き並べるだけでも一冊の本になるほどでしょう。

ある日、私は先生にどういう勉強の仕方をされるのか聞いたことがあります。というのはチベットのお経は羊の皮に書いてあるので、それを何千回とめくっているうちに、その皮のホコリで目を痛めて、何回も目がつぶれそうにおなりになったことをお聞きしたからです。

先生の答えはこうでした。

「のんきに構えていたり、怠けたりしていれば、目標に達することが絶対にできないだろう。

人間はどうしても楽な方に流れやすいからね。それで僕はお不動さまを信仰して、自分が怠けないように学問に縛ってもらうことにしたんですよ。矜羯羅《こんがら》童子と制吒迦《せいたか》童子がしっかり見張っていて、お不動さまのそばについているね、それに見なさい。お不動さまは剣と縄を持っているでしょう。怠けると怖いんだよ」

先生は、それほどまで強く自分を律して、学問に心身を捧げられたのだ、とつくづく思いました。

〝鎮守の森〟の主

先生がいつも気にされていたのは、浅草寺は観音さまをまつる庶民のお寺なのだから、信者と共に話をし、共に喜んだり悲しんだりしながら、お寺の伝統を堅持したいということでした。境内もコンクリートで固めるのは絶対にいけない、ここはみんなの〝鎮守の森〟にし続けるのだ、というのが壬生台舜先生の変わらぬ願いでした。ですから境内にはなるべく樹木を植えて、お池や小さな流れに綺麗な水がいつも保たれているように工夫されていました。それで、小魚や小動物も生き続けることができたのです。

星宿の人は広大な土地の中に住み、土地に関することに関係が深く、また興味を示すことが多いのです。〝鎮守の森〟を守るために大変な努力をなさっていたことが伺われます。

張宿《ちょうすく》

中年男性は、必ず運を良い方向に運んでください

張宿について、何より強調したいのは、特に男性の場合、中年を境に、その人の生き方によって、運の流れが吉凶真っ二つに分かれていくということです。

張宿の男性の多くは、心も姿も立派でみんなを率いていく人です。ところがこの宿の男性の中には、二十七宿中、これほど意地悪でしつこい人がこの世にいるのか、と思い知らされるような人がいます。それには学歴も地位も関係ありません。

女性の場合は、綺麗で頼りがいのある人が多く、気遣いがあって、男性張宿に見られるような、ひどい意地悪型には出会ったことがありません。しかし、やや神経質なところがあって、いろいろな心配事や不安を常に心の中に秘めていて、複雑な心理状態です。また、みんなが気づかないうちにいつの間にか根を張るというように、自分の持つ範囲を広げるのが上手です。

「張宿の人は、お酒をたくさん飲み過ぎないように気をつけなさい。みんなの前では慎み深く、かしこまっていなければなりません」と、書かれています（『宿曜占法Ⅱ』「星宿品」の項参照）。

中年からの張宿の男性は、まさに〝運〟を運ぶのは自分自身です。いくら舞台がうまく整っていても、突然カーテンを引きちぎり、家具を放り出して踏みつけ、他の俳優をしつこく罵倒し続ければ、その俳優の生命は終ります。こうして自分の運を自らの手で台無しにすることになります。

意地悪No.1張宿の末路

舞台は、ある私大の文学部としましょう。これは大学教師時代の同僚女性（鬼宿）の話です。「僕は近衛十四郎そっくりでしょう」、とその張宿さんは自分で自慢していましたが、誠にその通りで、剣士の姿にすれば、どんな場面でも必ず人を助けそうな風貌と体格を持っていました。話の内容はともかくとして、声は自信ありげです。一高、東大、望まれてこの大学に就任し、この宿に特有な上司の引き立てを大いに受けて、とんとん拍子に学科長という地位に昇りました。

しかし、この張宿さんは、鬼宿の彼女とは〈安・壊〉の間柄で、しかも上司です。鬼宿さんの昇進問題は当然この張宿科長のさじ加減にあります。初めのうちは、彼女の論文を真面目に評価しているような態度でしたが、だんだんに様子が変わってきました。

大学では論文が昇進の目安ですが、鬼宿さんの提出したものが、いつの間にか紛失したと言われたり、中身についての嫌味を言われるようになったのです。

そうこうしているうちに分かったことは、どうしても自分がその女性よりも早く昇進したいという、胃宿の同僚男性がいることでした。論文は何一つ書けないのに昇進だけはしたくてたまらないというのが、この胃宿さんでした。欲しいものは是が非でも自分のお腹に納めたいのが胃宿の特徴です。鬼宿さんとは〈安・壊〉の間柄である張宿の科長にしてみれば、胃宿は自分にとって〈胎〉ですから、いわゆる〈命・胎〉の間柄で、どうしても胃宿さんに自分から尽くしてあげたい間柄です。なんとかその胃宿の男性を昇進させてあげたいと思うのは当然でしょう。ところが二人にとって唯一の障害は鬼宿さんの存在です。

この胃宿さんは大学に就任以来三年間もイギリスに留学させてもらったにもかかわらず、論文一つ書いてこなかったということで、みんなの顰蹙《ひんしゅく》をかっていました。一方、いくつかの提出した彼女の論文については、この科長が、日の目を見ないように全てもみ消してしまうという考えられないような挙に出ます。

このあたりから胃宿さんはさらに必死な行動を取り始めます。こちらがだめならあの手でゆこうというのが胃宿の特徴です。たとえば渓流釣りの好きな張宿科長を毎日曜日、釣りにお誘いすべく、どこでも乗り回せる丈夫な四輪駆動車をわざわざ買い入れて、あちらこちらとお供してがんばります。

その効果あってか、ある日、張宿科長さんは、話があるということで、鬼宿さんを研究室に呼び出し、突然、何事かと驚くような大声で「あなたは女だし、男の子も産んでいないから、人間とは認められない。そういう人は、昇進させられないんですよ！」と言うのです。何度か同じことを言っていたそうですが、彼女は普通の表情で「そういう考え方があるとは知りませんでした」というと、「なんなら、これから男の子でも産んだらどうかね」と追い打ちをかけるのです。繰返し、繰返し、さらに意地悪く言うのが張宿特有の細かないじめの特徴です。

一方、胃宿さんはといえば、論文はどうしたのかと同僚が詰め寄ったら、答が傑作で「風の強い日に町を歩いていたら論文が風に吹き飛ばされてほとんどなくなってしまった」ということです。当然、胃宿さんはみんなの失笑を買いますが、とにかく昇進を果たして浮き浮きしています。

大学の教師は、何が起こっても黙っているのが通常ですから、張宿科長の傲慢《ごうまん》さと特有の細かな執拗《しつよう》な文句は、事務職員にまでエスカレートして、可哀相な職員には椅子の並べ方一つまで怒鳴り散らしていましたが、ある日、会議中に、暴走族の息子さんが問題を起こしたという知らせが入って、あたふたと会議場を出て行くということもありました。科長になって何年もたたないうちに脳血栓で手術し、数ヶ月たって大学に戻ってきたときは、地位もなく、専門のドイツ語の授業もあまり与えられず、何とも哀れでした。

張り切っているのは、例の胃宿さんで、張宿さんの面倒を見る必要もなく、うれしそうに飛び回っていましたが、このことに対しての見返りは後年たっぷり受けることになります。

要するに、張宿（命）が胃宿（胎）に尽くすために、自分の地位を利用して〈安・壊〉にあたる鬼宿を踏みつけた、ということですが、『宿曜経』はここからが始まりです。これで話がお仕舞いになってしまっては、人間の生き方や開運について少しも貢献しないことになります。

まず、張宿さんには人を善導して救済する役目があります。しかし、あまり苦労せずに自分の目上の引き立てを受けて思い通りになってしまうと、中年に来る明・暗を分ける一生の重大な分岐点で、吉運の流れを自らの手で凶の方へ変えてしまい、一生を台無しにしてしまうのです。そうして、あと何十年と生きなければならない黄金の壮年期を、暗いみじめなものにしてしまうのです。この例をあえて書かせていただいたのは、張宿の男性のあまりにも同じような〝いじめ〟にあった人の話を、何人もの人から聞いたからです。

私はこの事件以前から『宿曜経』の研究をしていましたので、ほとんどの成り行きが手に取るように読めました。

お仲間が頼りにする張宿

張宿の一般的な多くの男性のお話をいたしましょう。

ギャラリーを開いていたときのことです。背が高く、ほっそりとした物静かに話す紳士が入ってきました。いつも背広にネクタイ姿の、銀行に勤める方です。時々、絵を見ては買っていきます。やがて親しく話すようになり、お誕生日を聞くと張宿の方と分かりました。

ある日、二・三人のグループ展を開きたいと言われました。グループ展を開くのに最大の問題は、誰の作品を一番目立つ場所に飾るかということです。飾られ方が気に入らないと一生口をきかなくなる人たちもいるほどなのですから。この張宿さんは非常に謙虚な方で、とにかく徹底的に他の人の絵を目立つ場所に飾るのです。

私はどの作家さんの時にも手伝うことにしていますが、張宿さんの持ってくる絵は特に大変でした。絵の納まっている箱には一枚ずつ紐が掛かっています。次に箱に入っています。袋に入っています。その袋からやっと絵が出てきます。そのきっちりとした包み方、紐の掛け方、幾重にもくるんであることといったら、私の母（張宿）にそっくりです。「お母さん、これじゃ、タマネギからっきょうみたいネ」と、言っては笑ったのを思い出します。このきちんとしすぎていて困ることがあるのが、張宿共通の本性なのですが。

とにかく、張宿さんの展覧会は、何度開いても上司にも後輩にも大人気でした。

この張宿さんは、すでに晩年に近いご年配の方でしたが、張宿の中年の分岐点をいかに良い方向に運んだかがよく分かります。その後も私のビルの経理など、面倒なお仕事をお願いしてとても良かったのですが、ある日、「老犬の世話と、老人ホームのボランティアをするので」と言って、お別れに訪ねてこられました。人との出会いも、人生の過ごし方もこのようにすっきりとしていると、本当に胸がスーッとする感じでさわやかです。そういえば、その日に初めて、ジーンズにラフなシャツ、ウオーキングシューズといったいでたちを見ました。

この張宿さんと私はやはり〈安・壊〉の間柄ですが、両方とも利害を考えず、お互いの立場に立ってお役に立とうとする心があったので、トラブルは全然ありませんでした。

同じ張宿でも、こうまで自らの運の運び方で晩年の吉凶が違ってくるものなのですね。恐ろしいお話です。

母との霊界通信

張宿の女性は、心配性ですが、することはどのようなことも几帳面なので驚かされます。それに、ややしつこすぎる面があるとも先ほど申し上げました。

私の母は張宿でしたが、江戸っ子気質で物事をばっさりと決断する人でした。しかし普段はけなげなくらい自分をまったく主張しないのです。加えて太陽みたいな父に私たち三人姉妹は育てられたので呑気そのものです。ただ、学校の先生の言うこと、よそさまに行ったとき、または来られたときの礼儀だけはきちんと覚えればよいのです。勉強しろと言われたことは一度もありません。

ある日、母は突如八十三歳で永遠の旅立ちをしてしまいました。私たち三姉妹の嘆きはひどいものでしたがそうも言ってられません。〝母があちらに行った時の箱〟というものがあって、私たちは急いで開けました。その中には、写真・着る物・お知らせのリスト・入り用の通帳と印鑑に到るまで、必要なもの全部が揃って入っていたのです。それに私たちが生まれた年月日・時間・体重などが事細かに書いた帳面、父と晩年に過ごした頃の楽しかった時の和歌や日記など、それは感覚的な女性の張宿ならではのものでした。

そして最後にひとひらの紙に、〝全部必要なものは入れておきました。心配しないでね、本当にありがとう。お母さんは幸福だったわ。どうもありがとう。　母より〟と書いてありました。

三・四年前から用意されてあったはずです。

ところが、この先のお話しがまだあるのです。母の百箇日に、みんなでお寺に行くことになっていました。姉が、「今朝、お母さんが、夢で朝早く、〝今日は黒の羽織よ、私は先にお寺に行ってますからね〟っていうの、私が忘れるといけないから心配したのよ、フフ」と言います。

妹は三年ほど前に心臓の発作で、一度心臓が止まったのですが、奇跡的に息を吹き返したことがありました。その数ヶ月前から、母が夢に出てきて、妹の目の前でみるみる細くなって倒れたりするのを何度か見たというので、「それは、貴女自身が気をつけなさいということだわ、もう、無理な仕事を辞めてよ」と言っていたのです。

私が眠っている時も、時々母が枕元に坐って、子供の時に唄ってくれた歌を必ず二曲ぐらい唄ってくれるのです。その時に、「お母さん！」と言って母の腕に触ると、とても暖かくて、アラ、やっぱり生きていたんだなという実感がして安心しました。目覚めた時にはがっかりしましたが、たとえひとときでも私を嬉しがらせてくれたのかしら、と思って有難いと思いました。

でも、ある日この話を妹にしてもいいものかしら、私だけ楽しい想いをしたのでは、可哀相ですもの……と思った瞬間、妹が、「あのね、お姉さん、私、お母さんの夢見たの、子供の時の歌を二つ唄ってくれたの、私、歌詞なんか全然知らないのに最後まで聞こえるのよ、それと不思議にお母さんの手や腕に触ると暖かくて、アラ、お母さんは生きていたんだ、と思っちゃったの」と、言うのです。

そこで、私は学僧でもあり、立派なお寺のご住職でもあるお方に尋ねました。

「人間はいろいろ不思議なことを体験してそれを霊界のせいにしますけれど、どう思われますか？」と。すると、「私はあると思っています。というのは、〝ない〟と考えると実に説明しがたいことがたくさんありすぎます。いろいろと数限りないほどありますが、この間も、私が本堂の中を歩いていると、誰かが袖を引くんですよ、誰もいないのに。それで私は分かったのですが、ある土地をお寺のために買おうと思っていたのですが、ああ、これは買うなと言うことだなと。それで買うのをやめたんですが、まったく正解でしたね。買っていたら大変なことになっていました」というようなお話しをなさってくださいました。

話は戻りますが、私の母は五十歳位からよく息を吸い込めない病気になってしまいました。あらゆる良い先生方に見てもらいましたが分かりません。時々金魚のように口をパクパクさせて空気を吸っていることさえありました。山梨県にある霊山として名高い七面山《しちめんざん》に登ると良いというので登りました。何回目かに登った時、早朝、御来光祈願《ごらいこうきがん》のお経を読誦《どくじゅ》している時に倒れて、真っ白になり、動かなくなってしまいました。みんなで『法華経』を読み、お九字《くじ》を切り、陀羅尼《だらに》を唱えているうちに、顔に赤みがさしてきて元に戻ってきたのです。その後は亡くなる日まで普通にしていて、息の苦しくなることはありませんでした。母は口癖のように、「私が八十以上まで生きているなんて不思議ねえ」と常に言っていました。そして、仏さまやご先祖さまのご慈悲として有難く心の中に受け取っていたのです。

私は今、この原稿を大洗の海岸の近くの家で書いています。朝、夢の中に母が現われました。柄は違いますがいつものように、着物姿です。「私はまだ原稿が書きかけだから帰れないわよ」というと、母は「前にもらった目黒の家のカギ持っているからいいわ、先に帰るから早くいらっしゃい」と言い残してさっさと行ってしまいました。

張宿の母との霊界通信は、いつまで続くのでしょうか。

翼《よく》宿《すく》

最も身近な人から愛を広めてください

翼宿の人は翼を持っていますので、外で働いたり、外国に出たりする方が成功します。それに、自分の思っていること、信じていることを貫くためには、どんなことも厭わずまっしぐらに飛んで行く元気に満ちています。

今ここにいると思ったら、もうあちら、というように、次から次へと物事をこなしていきます。そのようにしながら自分の信念を貫き通して行くのです。

このように行動も機敏で、人との付き合いも気軽で親切ですから、周りの人びとに好かれます。ここで翼宿さんが気を付けたいのは、自分の信念が確固とした道徳的な原則を踏まえたものでなければならない、ということです。

つまり、まず自分の身を修め、家を整えて父母や子供たちを幸せにし、次に兄弟姉妹や家族の栄光を助け、その後に初めて、自分が実現したい信念を社会的に実行して、人びとのために尽くすというのが、人倫の道というものです。

ところが、生涯を通じて、自分一人が何かにただ熱中するだけで、それも対象を次々と変えながら、その虜になって、自分の身近な肉親たちのことを全く忘れてしまうようになったりするのが、この翼宿の人の弱点なのです。

このようなことになると、遠くの人びとのために一生懸命働き、助けながらも、晩年になって自分ばかりか肉親たちにも、悲しく寂しい思いをさせることになるでしょう。

それからこの宿の男性は、妻をはじめ女性に助けられることが多いのですが、女性の方はその恵みが少なく、かえって男性の虜になって、一途に尽くしてしまう傾向にあります。また何か家庭以外のことに夢中になり苦労することも多いので、特に女性は、男性や物事にのめり込まないよう、注意しましょう。

「夫いのち」の翼宿女性

翼宿の女性で、いかにもこの宿の人らしく物事に熱中し、のめり込んで一生を歩んだ方のお話しをいたしましょう。

現在は八十歳に手が届きそうなのに、身も心も元気そうで、頬もピンク色です。朝は五時に起きて、東の空に昇る御来光を拝んだ後、短いお経を唱えてから神社にお参りして少し体操をし、家に戻ってくるのだそうです。

一生を捧げ尽くした八十三歳のご主人と二人暮らしですが、あまり散歩をしなくなったご主人を、何とか丈夫にさせてあげようとがんばっています。

ご主人は奎宿で、お二人は〈安・壊〉の間柄ですから、《宿曜占法》通りの道をたどることになります。今では、すべて過去の話となりましたが、翼宿さんの一生はとても大変だったと思います。

翼宿の女性は、ご主人に尽くす働き蜂になってしまうことが多いとされています。それに生涯を通じて二、三の事柄に熱中しては一心不乱に進みます。子供が対象の場合もあれば、何か宗教的・形而上学的なものが対象となる場合もあります。

この翼宿さんは、少女期は軍国主義を信奉し、結婚後は「夫いのち」の時代を経験し、最後は宗教的な信仰に生きます。常に時代ごとの対象の虜となり、一途な生き方を続けました。

彼女は中流のご家庭に生まれ、長女だったので、祖父母やご両親から惜しみない愛情をいっぱいに受けて育ちました。何の心配もいらない、優等生の子供でもありました。戦争中に国立大学の難関を突破して入学し、戦火の中をくぐり抜けて、両親や幼い兄弟たちの面倒も見ます。彼女の日記の一節には「私は天皇陛下のために死んでもよい。この身を国家に捧げる」とあり、この日記を今も大事に持っているそうです。国家に殉じることが、まさにこの時代の彼女の信念だったのです。この気持ちで辛い日々を克服してきたのでしょう。大空襲の後の、焼死体が累々とする中を、親友の姿を求めて探しまわったといいます。彼女はこの時代に、〝私は何が起こっても平気よ〟という信念のようなものを持つようになったのでしょう。

世の中が少し落ち着いてきた頃、翼宿さんは清純そのものの二十歳の美しい女性に成長していました。ご両親は戦争ですべてを失った中で再出発をします。長女の翼宿さんが一緒になって、お父さまの仕事を手伝っていたやさき、青年奎宿さんが現われたのです。そして彼のお母さままでいらっしゃって、是非お嫁さんにということになりました。もちろん翼宿さんも奎宿さんが好きだったのでしょう。

二人は対岸の〈安・壊〉の間柄で、一目惚れですぐに愛し合った後、やがて苦労の時代に入り、周りも破壊するという関係です。彼女のお父さまは、何故かとても反対されたそうです。男性として何か感じるものがあったのかも知れませんが、とにかく結婚式を挙げる段取りになったのです。

奎宿さんとの結婚生活は、ほんのしばらくのハネムーンの後、奈落の底へと落ちていきます。新聞記者という職業柄、夫の帰宅は遅く、そのうち帰らない日が多くなり、給料も持って帰らないのと同然というような年月が始まります。

それでも、翼宿さんは文句一つ言わないで、仕事を見つけては、生計を立てたのです。この時代の翼宿さんは「夫いのち」の信念に取り憑かれたのでしょう。

さらに悪いことには、夫が事業をするとか、自分自身も何か始めようということで、少しずつ借金を作っていきます。身体的にもいろいろな病気をかかえ込みます。彼女の実家のご両親は、彼女の苦しみを何とか軽減しようと、いろいろと助けるのですが、次から次へと問題が起こります。ご両親にとって、それはそれは心配と落胆の連続だったでしょう。

一方奎宿さんは、『宿曜経』にも〝遊蕩を好む〟とありますが、その上、仕事上いやなことが起きると、さっさと辞めてしまい、時には二年間も呑気に遊んで暮らすこともありました。お酒を飲んでは明け方までくだを巻いて、妻の翼宿さんがちょっとでも居眠りしようものなら、聞いていなかったといって、怒りを爆発させます。

彼女のお母さまの悲しみは深刻で、時には女性として見ていられなかったといいます。それでも翼宿さんは、離婚をする気配一つ見せません。

この時期の翼宿さんの信念は、奎宿さんと一生添い遂げるということだったのでしょう。奎宿さんに夢中になって、彼の虜になっていたのです。その中で最も被害を受けたのは、生まれたばかりの息子さんでした。

翼宿さんの身も心もどうにもならなくなったとき、仕事上の上司の方が見るに見かねて、彼女にある宗教の会を紹介してくださいました。この会はご年配の会長夫妻が主催し、一家族について一ヶ月二十円という、その頃でも驚くほど少額の会費で会をまかなっておられました。非常に地味で誠実な会長さんは、どんな人にでも深い慈悲心をもって接しられ、即座に問題の解決法をお教えくださったそうです。

この普通の優しいお爺さん、という感じの会長さんは、翼宿さんに会うなり、「このままではもっと苦しいよ。人をうんと助けてこそ、我が身が助かるんだ。あなたのような人は、体内の水をいつも綺麗に保つようにしていないと腐るんだよ」と言われたそうです。これは彼女の「命式」に「水《すい》」がたくさんあって、それが停滞すると、身体も運気も悪くなってくるということです。

この会では、全くの無料で、霊感者を通じて、家庭や病気の問題で困っている人の守護霊や、ご先祖に、何が原因でそうなったのかを、お伺いしていました。答えは適確で、助かる人がずいぶんいたと聞きます。

会長のお爺さんは、翼宿さんも霊感者になってたくさんの人を救えば、自分も助けられるとおっしゃったのです。

その後何十年間、翼宿さんは〝人のためになることをする〟という信念に生きることになります。そのため大変なご修行に打ち込みます。

まず、ご主人の奎宿さんを巻き込んで一緒にがんばります。奎宿さんは、ご先祖の余慶があって、経典を好む人でもあります。経典と遊蕩を好むのが一緒というのは『宿曜経』も面白いですね。

次に、ご両親や兄弟姉妹、いとこまでもその会に入会させます。この人たちは、翼宿さんの不運挽回のために協力したわけですが、入会するやいなや、翼宿さんは、自分を支えるために入会してくれたこれらの人たちを、まるで優等生の会員に仕立て上げようとするかのように、厳しく調教し始めます。

自分では決してそんなつもりはないのでしょうが、自分の信念が一番正しいのだから、みんなも何から何まで、自分と同じようにしなければならない、と決め込んでいるわけです。彼女のために胸を痛めたお母さまも兄弟も、あまりの無理難題を突きつけられて驚き、困ってしまったのです。

みなさんにしてみれば、彼女を支えるために入会したつもりが、一転して〝分からず屋の生徒さん〟にされてしまったのですから、憑き物に憑かれたような彼女に辟易としたそうです。

ところが不思議なことに、彼女の病気は、霧の晴れるように良くなってしまい、末っ子まで生まれました。彼女はその乳呑児を背負ったまま、暑い日も寒い日も会長さんのもとに通って、霊感者として無報酬の行を続けます。報酬もお弁当代も出ませんから、宮沢賢治の詩のように、本当に困っている人を救うことだけを念願して、ご修行を続けたのです。

これを清貧と呼ぶのでしょうか。翼宿さんは本来の明るさを取り戻します。そして、あちらこちらと駆け巡っては、苦しい人や、困っている人のために何かしてあげていました。しかも忙しい合間を縫って、パートの仕事もしなければなりません。

このような状態で何十年かが過ぎて、これまで彼女を支えてきたご両親も亡くなり、兄弟たちも歳を取って体力的にも経済的にも支えられなくなった時、彼女はやっと退会届を出したのでした。

三十年間にいかほどの人が彼女によって救われたことでしょう。今ではこれという病気もない、元気な翼宿さんです。本人のご修行もさることながら、何としてもご本人が、ご両親の愛情とご兄弟たちの献身を忘れてはならないでしょう。

というのは、彼女は身近にいる肉親たちへの心遣いなど、ほとんど感じないかのように、ただただご自分のご修行だけに何十年もの年月を捧げたからです。ここに翼宿の人の危険な資質があります。それは、信念に生きるというよりは、むしろ一つのことに取り憑かれて、周囲の人びとを顧みない、といった方が適切な表現かも知れません。

加えて、この翼宿のご夫婦の場合、二人は〈安・壊〉の間柄にあります。しかも占法盤では真向かいにあります。普通は、遠い間柄のようにいう占い者もいますが、私の見方では、二人は対岸にある〃美しく見える花〃に一目惚れして、会ってから短期間で結婚してしまうことになります。

そして結婚して五、六年もするといろいろなトラブルが出て、特に片方がひどい目に遭います。その上、周りの人たちにもトラブルを及ぼします。その後、反転して、今度は〃やられた方〃が、〃やっつける方〃に回ることになります。

このどんでん返しの時期は、カップルによって違います。このお二人の場合は、まず妻の翼宿さんがひどい目に遭い、翼宿さんがご修行を始めたのを機に、今度は夫の奎宿さんが妻の世界にだんだん引き入れられ、その後何十年間にわたって、自らもご修行をしなければならなくなったのです。

ある日、奎宿さんにコミカルな質問をした人がいて、こんな会話が交わされたといいます。

「毎日大変ですね。遊び人のあなたが、奥さんと一緒に何年間もこんな辛いご修行をするなんて」

「いや、僕は昔遊んでたから仕方ないんだよ」

「何年遊んだんですか?」

「そうだなぁ、二十年位かな」

「じゃ、もう三十年も経ってますよ、もう許されてもいいんじゃないんですか」

〈安・壊〉の間柄には、必ずどんでん返しがあって、それも二人にとってただ事ではない苦しみを伴うものなのです。しかも、ごく近い身内の人までも、それに巻き込まれるのです。

翼宿の人が〈安・壊〉の人と結婚する場合は、くれぐれも、一つのものにのめり込まないで、最も身近な自分の身内の人びとを大切にし、広い視野で均整のとれた生活を心がけていただきたいものです。

軫《しん》宿《すく》　みんなを楽しくさせてください

軫宿は、普通二十七宿中で一番弱い宿とされています。しかし、本当は、弱いように見えてその実人に逆らわず、上手に人生を生き抜いて大きな福を手中に収める宿星、といった方が当たっているでしょう。

各宿、それぞれには、仏さまから授かったご使命というものがあると私は信じています。

軫宿の人は、多くの人と接する機会がありますから、周りの状況をよく把握しながら、みんなを明るく導き、助けてあげるのが、本来の役柄といえるでしょう。

軫宿の人は、自分の心の中に確固とした信念のようなものを秘めていますが、それを無理に押し出そうとせず、和と理解を持って人びととの結びつきを大切にします。その結果、周りの人も自分自身も巻き込みながら運を上げることができます。

軫宿の話し方は、説得力がありながらも目立つような感じではありません。他宿の人も、軫宿のお話を聞いて納得することが多いでしょう。他の人に身軽に尽くしてあげる親切心を持っています。ですから人に頼まれたり、誘われたりすると、可能な限り「はい、分かりました」と返事をして、ほっとされます。外出好きですし、気付きの良い点でも抜群です。人と人との触れあいの中からたくさんの情報を得ることができるのです。それをまた人に伝えることができます。しかし、その情報が悪用されないように注意しないといけませんね。軫宿自身が悪口の火元と思われる可能性があります。

軫宿はとても素直なので、子供時代の両親の指導が将来の運を良くする決め手です。

もともと『宿曜経』には、お坊さんになるために七、八歳で寺院に入ってくる子供の資質を見分け、その子の教育方針を決めるという役目がありました。

『宿曜占法―密教占星術―』は、とくに気を付けてほしい宿星への幼年時代の教育方針に触れてありますのでご参照下さい。

少女宿曜師の出現

平安期『宿曜経』の占術が寺院や貴族の間で使われて以来、『宿曜経』で占う人を〝宿曜師《すくようし》〟と呼び、人びとの資質や運勢を占う重要な役割を持つようになりました。

『源氏物語』には、光源氏が誕生した際、父君が宿曜師にその運命を占わせる場面があります。第一帖の「桐壺《きりつぼ》」です。その時の宿曜師の答は、〈光源氏は日本国の君主とはなりがたい〉というものだったとあります。さらに、第十四帖の「澪標《みおつくし》」の項では、光源氏が三人の御子《みこ》の将来を宿曜師に占わせています。紫式部の兄弟の一人が三井寺で密教僧をしていましたので、式部はそこから『宿曜経』の話を『源氏物語』に採り入れるヒントを得たのかもしれません。


さて、幼年期の教育に関連して、現代の少女宿曜師のお話をいたしましょう。十三歳の少女宿曜師は軫宿さんです。彼女は〝ひかり〟ちゃんといって、私の大学教師時代に知り合った元女子学生のお嬢さんです。このお嬢さんは中肉中背で、ぽっちゃりとしたほっぺたと、小さな口元が可愛い、トロンボーンを吹く音楽好きの、明るい少女です。

お母さん（女宿）のお話によると、この軫宿の〝ひかり〟ちゃん、赤ちゃんのとき、あんまり泣かずにご機嫌な子供さんで、他の赤ちゃんを見てはニコーッと笑っていたそうです。身体は健康で、小一から中一まで、一日しか休んだことがなく、学校ではそれほど積極的ではないのですが、人に優しくて与えられたことはきちんとこなすタイプです。いかにも軫宿らしく、あれこれとあっても、自分にとって興味のあることには関心を示し、それにとことん時間をかけます。たとえば小三の時、リトマス紙の実験がおもしろくて、家で一人で三時間も続けていました。でも興味のないことは本当に目前にならないとしません。

たいていの人と仲良くできますが、発言力の強い一人の心宿の女の子とはどうもうまくいきません。表で調子のいいことを言って陰では悪口を言うことや、態度が大きくてお友達をいじめるのがたまらなくいやなのだそうです。ところがお習字を特別に習ってもいない軫宿さんが金賞を獲り、習っている心宿さんが銀賞だったというのです、たぶんお習字への集中度も上昇するのでしょう。

この〝ひかり〟ちゃん、実は《宿曜占法》が大好きです。中一になって、友達との人間関係を母親に見てもらったとき、解説が良く当たっているのでおもしろくなったのがきっかけとなって、『本命宿早見表』を一人で調べて『宿曜占法』を読み始め、この頃では、宿の順番から人間関係、特徴まで良く覚えてしまいました。それはそれは熱心で、何宿か分かるとすぐに、「だから、あの子とあの子は合って、あの子とは合わないのねぇ……」と一人でぶつぶつ言っているそうです。

母親が「良く覚えてるわねぇ」というと、「これはね、〈栄・親〉を一、〈友・衰〉を二、〈危・成〉を三、〈安・壊〉を四とすると、一、二、四、三、三、四、二、一の順番になるの。これでおぼえちゃえばへいき！　おかあさんもどう？」とうれしそうに言います。

合う合わないで終りそうなので、お母さんが、「その宿の良いところもよく見てあげて、そこを好きになってあげるといいかもね。その子の育った環境でずいぶん変わるからね。それに努力もあるでしょう。だから同じ日に生まれている人もいろいろよね」と言うと、「そういえば同じ日に生まれたかすみちゃん、似ているんだけどちょっと違うね」と納得しています。

興味は止まることを知らず、これから高校・大学・社会人になってからも、ちょっと調べては付き合い方の参考にしてゆくことになりそうです。

この少女宿曜師は、たぶん、一生涯お友達との衝突を避けることができるし、将来、お友達のかかえるトラブルの相談からお付き合いの仕方についてのサジェッションまで、いろいろと人びとを助けていくことになるでしょうね。

少女のお母さんは女宿で、〝ひかり〟ちゃん（軫宿）とは〈命・胎〉の関係です。お母さんはこの少女が可愛くてたまりません。私は生まれた時から、〝頭が良いので、今に勉強好きになるわよ〟と占断しましたが、確かにＩＱの相当高いお嬢さんです。

井宿のお父さんは、もっと試験勉強に精を出してもらいたいので、ある時、「そんなに《宿曜占法》が好きなら、もしかして、試験勉強よりも、いっそ上住先生のところにお弟子入りさせてもらいなさいよ」と言ったのです。すると少女は明るく答えて「お父さんも宿曜やってみたら！おもしろいよ、自分の悪いところも分かるしねー、あっ、でも良いところも分かるのよ」と上手に言い切って、井宿のお父さんに得意満面なのです。井宿は特に子供や弱い者に対して優しいので、〈安・壊〉の仲といえども軫宿のひかりちゃん相手では、何の問題もありません。

ここで注目していただきたいのは、小さいながら、〝自分の悪いところが分かるから、とてもいいのよ〃というところです。ポイントが掴めています。いかに多くの大人たちが、このことが分からないばかりに、世の中の苦労を自分で作っては苦しみを繰り返していることでしょう。
この少女宿曜師さんの言葉を時々思い返してください。

少女宿曜師が観察した子供の時の各宿の特徴

さらに、この幼い宿曜師さんは、子供の様子まで詳しく観察しています。その内容がまた大変おもしろいのです。私は加筆していませんが、子供らしく、それなりに良く見抜いていて、子供の時の各宿の特徴を簡潔に表現しています。子供をお持ちのお母さま方にはご参考になると思いますので、左に掲げておきます。（　）の中は、各宿の子供を教育するための一口アドバイスとして、私が書き入れさせていただいたものです。

昴宿　優しい。静か。まずこちらの意見を聞き入れてくれる。
（物事は冷静によく説明してあげる）
畢宿　たくましい。器用。小さくても気が強くてかわいげがない。
（善・悪についてのけじめをよく教える）
觜宿　かわいくて、天真爛漫。美人・ハンサムな子が多い。

（忍耐強い子に育てる）

参宿　男の子は、愛くるしい感じ、だけどうるさい。女の子は、顔はかわいいけど、口が悪くて頑固で困る。

（周りを見る目を養う）

井宿　甘ったれか、ガキ大将で大人ぶっているかの二種類がいる。

（身体を鍛えて自然に遊ばせる）

鬼宿　マイペース。のんき。おとなしいけれど明るい。周りに流されない感じがする。

（各家の先祖供養を親が見せる）

柳宿　体が四角い感じ。口が悪くて、力の強い方へと自分が入るグループを選んでいく。不思議と悪口を言われない。

（目下の子供をいたわるように教える）

星宿　男の子はタフ、おもしろくてエネルギーがある。女の子は働き者できちんとした感じ。

（良い生活習慣と神仏への畏敬の念を持たせる）

張宿　頭が良さそうできちんとしている。しつこいが面倒見がよいのでいやな感じがしない。太っている人がいない。

（立派な人たちの物語を聞かせる）

翼宿 男の子は、がっちり太っている子が多い。みんなの前で堂々と発言できるし、大人っぽい。落ち着いている。
軫宿 (勝手気ままは悪いということを教える)
静かな感じで、おっとりしている。調子がいいが、人間関係であれこれ悩む。
(友達とは誠実に付き合うように導く)
角宿 器用な人が多い。優しい。ちょっと見た感じとは違った声でしゃべる。
(物質的に甘えさせるのは絶対に良くない)
亢宿 はりきっている。元気な子が多い。先生に何かをはっきり言える。
(良い師につかせる)
氐宿 勝手なことをしている。言い出したら絶対にきかない。
(幼いときは物質的にあまり困らせないようにする)
房宿 自分の考えを特に強調しない。おとなしい感じで、たれ目気味。
(友人や動物を心からいたわるように教える)
心宿 目立ちたがり屋で自分本位。頭の回転が速くて楽しそう。すぐ友達になるが飽きたり嫌になればすぐポイする。先生や親の前では良い子、陰でかなりの悪口を言いふらす。
(人の気持ちを良く理解させるように導く)

尾宿 相手が何人いても一人で立ち向かい、けんかに強い。悪い言葉を使う。自転車をぶっ飛ばす。電柱とか、いろいろなものにぶつかる。
（人への礼節を教え込む）
箕宿 エネルギッシュ。気が強いけれど優しい。妙に盛り上がる。変わったこともする。
（是・非を見分ける心を養わせる）
斗宿 ノリが良くて、ていねいによくしゃべる。他の人ができることは自分も一生懸命する。
（他の子供とは対等に行動するように教育する）
女宿 女の子らしく優しくて頼りになる。強くて怖い子もいる。男の子はしなっとしていて、甘えるような声を出す。
（歌舞・音楽・芸術などの習い事をさせる）
虚宿 口数が少ない。見た目は大人っぽいが、することは子供っぽい。
（その子供の好きな分野を見つけるようにする）
危宿 元気で明るい。新しいものにはすぐ手を出す。遊び好きで、お小遣いの使い方がすごい。
（物事を注意深く進めるように教育する）
室宿 大げさに笑う。ほめられると調子に乗る。よく練習する。先輩がいるのに、自分が一番のように仕切りたがる。

（多いエネルギーをスポーツなどに振り向ける）

壁宿 おしゃれで、相手によって口調が変わる。態度がでかく感情にむらがある。食べ物の好き嫌いと、人の好き嫌いがある。

（贅沢と勝手をいましめ、周りの人のことを考えさせる）

奎宿 綺麗な子が多い。きちんとしていて、いろいろなことをしてくれる。でも口調が強くて、人をバカにすることがある。

（両親がご先祖への尊敬の念をお手本に示すのがよい）

婁宿 かわいいけれど、すましている。団体の中で盛り上がったりしない。

（大人物の物語などを読ませるとよい）

胃宿 強いけれど、相手によってはとても優しい。ブリッコ。大きな声で笑う。悪い言葉を平気で使う。

（物事の平均的な基準を教える）

角《かく》宿《すく》

あなた次第で人気が出ます

二十七宿中一番器用で、声も良く、人気も出るのが角宿です。

角宿の人がいるところは、いつも明るい活気にあふれています。その陽気さを受けて周りの人間関係がスムーズになり、仕事もはかどります。本来角宿の人は、自分から物事を引き受けて、万事うまく回転させるのが上手なのです。話も相手の心にかなうように運びます。そして交際範囲が広く、外出好きです。

三大遊びの宿は危宿・壁宿・角宿だといわれるように、本来は遊び好きです。子供の時に物質的に甘やかされると、長じて本当の〝遊び人〟になってしまう人もいます。そのような人は、口だけは達者で、心根は薄情ということで、人を泣かせることにもなります。若い時は楽しいとしても、晩年は淋しいことになるでしょう。

角宿の人は、この点を心に留め、若い時から真面目に働いて、実直な気風を身につけましょう。そうすれば、人びとに愛される人になります。

角宿の人気現場監督さん二題

現場監督さんといいますのは、皆さまご存知のように、建設会社がビルなどを建設する際に、建物が建ち上がるまでの一切の工程を現場で指揮・監督する人のことです。

職人に人気があって頭の回転が速く、特に段取りが上手で物事を全てスムーズに進められ、しかも隣近所との折り合いが上手で問題を作らず、おまけに事故も起こさないで約束の日までに工事を完了しなければいけないという、誠に難しい役どころなのです。会社・建て主・職人の三者に信頼されなければ成り立たない仕事です。特に都心部では、建物が接近しているので、トラブルが起きやすいのです。

そこで角宿さんほど、この役をうまくこなす人はいないといって良いでしょう。物事の運び方が実に適確で器用なのです。

ここでは、この宿の人が本来持っている資質の悪い面と良い面を、それぞれに発揮した二人の現場監督さんの例を取り上げます。

はじめにお話しするのは、働き盛りの五十一歳で世を去った、名現場監督といわれた方の、成功と挫折の一生です。話をしてくれたのは翼宿さんで、角宿さんとは子供の頃からの親友です。

二人は同郷で、専門学校を卒業すると同時に将来を夢見て上京しました。翼宿さんと角宿さんは〈友・衰〉の間柄です。角宿さんは〝Z組〟という建設会社に入り、翼宿さんは設計事務所に入りました。

角宿さんは、現場監督を天与の仕事と考えていて、若干二十八歳で一番若い現場監督として活動を開始しました。バブルの上昇期の初めだったので、建て主にとっては、高い建設費用を払っても採算がとれ、建築会社もまた大きな利益を上げることができました。

角宿の現場監督さん――仮にKさんと呼びます――は、やや太り気味で、声は大きく、酒・タバコ・カラオケなど全部好きときていますから、職人には大人気で信頼があり、その上、仕事の手順を決める段取りが上手です。普通なら五日もかかる仕事を三日で、十日の仕事なら六日間で仕上げてしまうのが得意技でした。それには、職人の使い方がうまく、彼らの気持ちをとらえる何かがあったのでしょう。会社もKさんの手がける仕事には信頼を寄せていたといいます。

ところが経験を重ねる内に、Kさんは徐々に次のような儲け方を考え出すようになったのです。

例えば、一億円の仕事を請負えば、会社としては先ず二千万円を天引きして、八千万円で建てるようにKさんに言います。するとKさんは七千万円で建て、一千万円を浮かしてその分を自分の好きなように使います。さらに、会社の建設費の中に自宅の建築費を含めてしまえば、家などすぐに建ってしまいます。事実、Kさんは、御殿のような自宅を建てたのです。

Kさんは、浮いた経費でしばしば会社の部長たちを銀座のバーに誘います。それでKさんが提出する発注書にはポンポンと判を押してもらうことになります。このような〝働きぶり〟はますますエスカレートし、もちろん、飲みっぷりも唄いっぷりも見事になります。その間、翼宿さんは、地方の女性をKさんに紹介し、Kさんもそのおとなしそうな人柄をかって妻にします。

その後、人気の現場監督さんだというので、会社は補助監督さんを三人付けてくれることになりました。すると本人は、一人一ヶ月三十万円で雇っておきながら、会社には六十万円で雇ったと報告して合計一八〇万円を請求します。結局、何もしなくても毎月九十万円が手に入ります。

――こうなると、会社はもう大きな寄生虫を飼っているようなものですね。

しかし、建築ブームもはじけてくると会社側も、余裕がなくなってきます。こうなると、会社は補助監督をあてがうことをやめたので、Kさんにとってうま味もなくなってきたのです。そこで、「こんな面白くない会社は辞めて、自分で会社を作ってやる」といって、今度は補助監督を派遣する会社を作る話を翼宿さんに持ちかけました。しかも翼宿さんの名義で会社を作り、翼宿さんを表面上社長にするという案です。もちろん合資会社です。

ところがKさんはその頃すでに糖尿病を患っていました。養生してはまた働き、病院に少し入ってはまた出てくるという状態を繰り返すうちに、とうとう病院から出ることができないほど全身がガンに冒されていきます。そして亡くなってしまったのです。

一方、翼宿さんは、Kさんに頼まれて作った名義上だけの〝自分〟の会社のために、支払いや残務処理の費用などかなりの金額を支出したため、自分の設計事務所は沈没寸前に追い込まれます。しかも、自分が橋渡しをしたKさんの奥さんからまで、弁護士を通じて金銭を催促される始末です。けれど、Kさんの家族はまだ元の〝御殿〟に住んでいるとのことです。

Kさんの頭の良さには感心させられますね。最後に親友に後片づけまでさせて逝ってしまうんですから。でも翼宿さんは、淡々と話していて、少しも口惜しそうでもなんでもありません。どちらかというと、親友を失った悲しみのようなものが感じられました。子供の時は、普通の家庭、普通の成績で何も変わったことはなかったようですが、時代とZ組という特別な環境が、角宿の本性の中で悪い資質を、Kさんに引き出させてしまったのでしょうか。

話は少しそれますが、普通の角宿さんには、面白そうな、儲かりそうな話にうっかり乗ってしまうという弱さがあります。例えば、家庭の主婦でしたら、つまらないものを大量に買ってしまって後で困るとか、反対にお友だちに負わせてしまうとかです。


さて、ここでもう一人の現場監督さんにご登場願いましょう。この角宿さんは、小さな土地に綺麗なビルを上手に建てる名人です。この角宿さんが勤めているM建設は、神社仏閣を建てるのが専門だった、いわゆる昔の宮大工さんが前身です。

建物が隣接した狭い土地にビルを建てる依頼には、必ずこの角宿さんが出動するそうです。初め私はこの事実を知りませんでした。

会社の人が、初めてこのSさんという現場監督さんを連れてきたとき私はびっくりしてしまいました。こんな若い人が——実際は私が思ったより十歳も年上でしたが——現場監督さんだなんて大丈夫かしら、と心配になったのです。会社の制服をきちんと着て、ほっそりとした静かな人です。人柄はとても良さそうでトツトツとした話し方です。会社の決めた人だから大丈夫だろう、ということになったのです。

建設が始まると、プラン通りに着々と進んでいきます。両隣の建物とは本当に細い隙間しかあいていないところに建てるのですから、当然隣の人たちとの接触は避けられませんが、この監督Sさんは、いつの間にか隣の人たちととても仲良くなっていたのです。古い家屋を壊して建て直す際、ぽっかりと真ん中が開いたときに、隣の壁を修理してあげたり、水道管を変えてあげたりしていたのでしょう。それにお昼時は、左隣のおそば屋さんや、右隣のトンカツ屋さんに入ったり……というふうです。それでは、誰も建て主に文句を言ってくる人がいないわけです。

職人さんは、少しも大きな声を出さないSさんの指図にはすぐ従ってしまいます。珍しく大変な大雪の日の朝、今日は誰も来ないだろうと思いながら窓から見ていますと、先ず監督さんが一番に着いて、そのあと時間通りに職人さんがぱっと集まってしまいました。

「どうしてこんな雪の日に、どこから来たの？」

と聞くと、Sさんいわく、

「だって今日中に仕上げないと、日が良くないと先生がおっしゃってましたよね」

このSさんは、どんな種類の職人さんが来ても、必ず一緒に働きます。左官屋さん、電気屋さん、フローリング、どんなことでも職人の一人として働くのです。いつも釣新聞がポケットに入っていて、釣ってきた魚をお料理してみんなに食べさせる板前さんにもなれます。角宿の器用さを、遺憾なく発揮できる人です。

プラン通り建ち上がったときに、Sさんは自分でよくよく建物を眺めていましたが、「これは陽のビルですね」といいました。「ビルにも陰・陽があるの」と聞くと、「ありますよ、このビルはまさに陽ですよ」と。そして、「このビルは大きな地震があっても、絶対に崩れたりしませんからあわてて外に出たりしない方がいいんですよ。大丈夫です」と言って立ち去りました。

Sさんは新潟の畳屋さんの三男坊だということで、どちらにしても早く家を出なければならなかったそうですが、大変な努力と精神力を持って角宿の資質の良い面を活かしている人です。家庭も円満で、仕事を一生懸命にする角宿には人気が集中します。この角宿さんは、晩年も幸運に恵まれるように保証されているようです。

亢《こう》宿《すく》

強い信念を活かしましょう

亢宿の人は、他のどの宿の人よりも強い信念の持ち主です。ですから、亢宿の人が一度何かを成し遂げようと決意したら、どの宿の人もそれを変えることはできません。

このように亢宿の人は信念の人ですから、正義のために働くのが一番性に合っています。そして、そういう生き方をすれば、みんなに慕われる平穏な晩年を送ることができます。

またこの宿の人はよく働き、頭も良く、他の人びととの付き合い方も上手で、サービス精神も旺盛です。それになかなか計算高いところもありますので、例えば事業家や商人としても成功する人が多いのです。

ところが、亢宿の人がもし自分の考えと異なる意見を持つ人びとを許せなくなって、その人たちを排斥したり、黒白をハッキリ付けようと感情的になったりしますと、人生は誠に孤独です。

特に、自分の信念やしたいことを、例えば両親や周囲の権威者などから拒否されたり、別な考えを押しつけられたりすると、心の内で強い反感を抱き、怒りとなってそれが内向すると、極度の自閉症などになって、人生を棒に振ることにもなりかねません。

亢宿君の籠城

ここでは、事業家になりたいと少年時代から心に決めていたある亢宿青年が、その望みを両親に拒否されて自閉症に落ち込んでいく様子と、再出発するようになった経緯を、お話しいたしましょう。

何一つ不自由のないご家庭に育ちながら、息子さんが家に閉じ籠もったままだとか、仕事をしないでブラブラしていて本当に困る、といったお話をよく聞くものです。いろいろな原因があるのでしょうが、普通は、息子さんの場合、お母さまが原因であることが割合多く、育ち盛りの思春期に母親が外で働いていて、充分息子さんの面倒を見なかったとか、甘やかし過ぎて、息子さんの言うことなら何でも聞き入れてしまうとかで、大人になって結婚したり、勤めに出てから気に入らないことがあれば、すぐ自分の内に閉じ籠もってしまうようです。

しかし、ここでお話する亢宿青年の場合は、いかにも亢宿の本性に起因するもので、その現われ方も極端です。

この亢宿青年は、社会的に立派な事業家の父親（張宿）と専業主婦の母親（箕宿）、それに優しい兄（房宿）と姉（氐宿）に囲まれて、良いご家庭の次男坊として育ちました。中学時代は、元気一杯のスポーツ好きで、友だち仲間の人気者でした。人へのサービス精神も旺盛で、何か事業を始めることにとても興味がありました。

ところが彼の生涯の生き方、特に職業の選び方をめぐる両親との意見の対立が、彼の青春時代を突如暗黒の世界へと突き落とすことになります。両親はお医者さんか弁護士か、もしくは大学教授かの三つの内のどれかを選ぶことを亢宿青年に強く迫ったのです。亢宿青年はもちろん事業家になるために経済学部に入りたかったのです。彼は当然、ご両親の考えに断固として抵抗します。このような両親との対立は彼を悩ませ、成績はぐんぐん低下していきました。

心配されたご両親は、すでに大学生だった兄さんに助けさせたりして、夢中になって亢宿君の面倒を見ましたが、結局、大学の法学部の入試に失敗します。その後ある大学に入ることになりましたが、こんな大学はいやだと自分で届けを出して退学してしまいました。

そして二階に閉じ籠もって、食事をするとき以外は、ご家族に顔も見せない毎日が続くことになります。友だちも断り、特にお父さまに対する態度が悪く、お母さまにも食事だけは作ってもらうだけで、会話もほとんどしなくなったのです。

ご両親の心配はひとかたではなく、いつか機嫌を直してくれるのではないかと期待していましたが、この期待は空しく、何年も過ぎました。この間、房宿の長男は結婚して子供もでき、少壮弁護士として社会的にも活躍していました。氏宿の長女もお嫁に行って、子供もでき、二人で生家に遊びに来ては、何とか亢宿君の心を解きほぐそうとしますが、どうにもなりません。

受験期に本当に心から話し合える父親や、信頼できる先生に恵まれなかったのは、亢宿君の一生にとって、本当に不幸なことでした。特にお父さまが、人格の尊厳性について無自覚だったばかりに、こともあろうに亢宿君のように自我の強い息子に三種の職業を突きつけて、その中から一つを選ぶように強制したのは、最大の間違いでした。

三十代も後半に入った頃、亢宿君は時どきお母さまからお小遣いをもらっては、どこかに出かけるようになりました。


亢宿君にはもう一つの問題がありました。そして、この問題が亢宿君を救うことになるのです。これもご先祖さまのご采配かも知れません。

亢宿君の母方は女の子ばかりで相続する人がいなかったので、男の子が二人いるこのお家の次男坊である亢宿君が中学生の時に、母方の養子にならないかという話が持ち上がり、彼は「僕がなってもいいよ、僕、お爺ちゃんもお婆ちゃんも大好きだもの」と、快く同意したそうです。それで彼の戸籍はすでに母方の養子になっていたのです。亢宿は正義感が強く、ハッキリと自分の意志を打ち出します。ただしその時の約束は、今まで通り生家で暮らして、〝名前だけ〟変えるというものでした。

ここに母親の考え方が絡んでくるので、息子の問題は母親が原因とは聞いていましたが、なるほど、と思います。というのは、亢宿君は養子に入るというので、本人はそれほど強く意識していなかったのですが、本当はすでに他家の子供なのです。特にご先祖さまから見ると、生家ではお客さまとして扱われることになります。そして母方の実家から見れば、彼はすでに筆頭ご供養人になっているわけです。

亢宿君にそのことをハッキリ説明し、自覚させなかったのは、もちろんお母さまの責任です。

そこで私はご相談を受けた時、このことをお母さまにハッキリと申し上げました。すると、

「でも、ご法要もご供養も全部ちゃんと頼んであって、きちんとしていますから。家の仏壇でも拝んでます」

とのことです。そこで
「私が言っているのは形ではなく、自覚と気持ちの問題なのです。お母さまが形の上のご供養だけでよいとお考えだったので、当然、息子さんは自分がお母さまの実家の大黒柱になってご先祖さまをご供養するのだなどとは、考えてもみなかったのでしょう」

と、お話しますと、箕宿の人はさすがに頭の回転が速く、私の言う〝ご供養の筋道〟をよくご理解くださったのでした。

私はさらにこう付け加えました。

「亢宿君は、戸籍上だとしても実家の○○家の跡取りとして行ったのですから、○○家の人です。それでも、現実にその息子さんはあなたの子供だし、一緒にいて何も離れて行くこともないので、ご供養も何ら落度はないと思っていらっしゃるでしょうけれど、それは筋道をハッキリさせていないことなのですよ。

他家《よそ》の子になってしまったのですから、今、遊びに来てご飯をいただいて、ブラブラしていても仕方がないでしょう。亢宿君にあなたの実家の戸主になるのだ、実家の主人として、自分の生涯を自分の好きなように創っていかなければならないのだということを深く自覚させれば、本人は当然一人の人間として自分の生き方に責任を持つようになって、生き返ったようになるでしょう。先ず、亢宿君と一緒に、あなたの実家のご先祖さまのご供養をしてあげましょう」

その頃、私はちょっと比叡山に行く用事がありましたので、亢宿君の名前で、養子先の母方のご先祖さまを三日間ご供養していただいたのです。

すると、不思議なことが起こりました。亢宿君は急に朝・夕、または、家を出るとき帰ったときなど、声高らかに〝お早うございます〟とか、〝行って参ります〟と、ご両親やご先祖さまにご挨拶をするようになったそうです。おまけに、仏間と居間の二部屋のカーペットを上げて大掃除をしてくれたというので、お母さまは驚いて私に電話をかけてこられたのです。お父さまも、黙っていらっしゃるけど嬉しそうだとのことです。自分自身の独立心と責任感をもって、将来の生き方を考え直す機会を与えられて、亢宿君はやっと本来の自分に立ち返ることができたのでしょう。

やはり、本人の考えを尊重してあげることが、亢宿の人の本来の資質を大きく花開かせるのに、最も大切なことなのです。それに加えてお母さまが、ご自分の実家の跡継ぎとして、お墓のお守りをしてくれる息子に対して、改めて感謝の念をお持ちになったことも、とても良かったのだと思います。

亢宿さんは、人との対応が良く、サービス精神が旺盛でてきぱきとよく働くのが本性です。この頃では〝コーヒーが美味しく入ったよ〟と言って、ご両親に出してくれるようになった亢宿君です。

ここに来るまで、本当に長い道のりでしたが、ご家族のみんなに良いご修行をさせてくれた息子さんなのです。これからを期待しましょう。お嫁さんを見つける運も出てきたようです。それに《宿曜占法》でご家族の構成を見ますと、親子の間柄は、亢宿君と張宿のお父さま、危宿のお母さまで〈危・成〉の間柄です。三人三様の強い宿ですから、自分の意見を通そうとがんばります。よほど注意して人間関係を上手に裁いてゆかなければならない宿の人たちなのです。

そこに房宿の長男がいます。亢宿の弟さんとは〈友・衰〉の間柄です。そして氐宿のお姉さまと亢宿君とは〈栄・親〉の間柄です。これからも兄弟は仲良く、何かと亢宿君をかばって助けてくれる兄と姉です。心強いですね。

子育ての名人

大学で教えているときのことです。

ある日、突然教室の中にお巡りさんが現われ、直立不動の姿勢で敬礼しているではありませんか、英語で何か言ったと思います。一瞬何が起こったのか分からず、内心あわてました。

ところがよく見ると、その警察官は佐藤響子さん（旧姓）だったのです。作家の佐藤愛子女史のお嬢さんです。あまりにも真剣にドラマの中の役割を演じたので面食らったのですが、よく見れば、背丈もスタイルも若い綺麗な娘さんです。あまりにも本気の響子さんの気迫に、錯覚したのだと思います。帽子や服装までどこかで調達したのでしょうか。

当時私は、英語でドラマを演じることで、なるべく楽しく自然に英会話を学生に習得してもらおう、という授業と研究に取り組んでいました。これは学生に大受けでした。

響子さんも劇中の役どころで衣装や小道具まで決め込んで、大真面目に役柄になりきっていたのでしょう。いつもは真面目で素直・純真そのものの学生さんです。その気持ちのスッキリとしていることいったら、他のどの女子学生にも見られません。常づね、佐藤愛子さんは本当に良いお嬢さんをお育てになった、子育ての名人だなぁ、と感心していたのです。あれほど、飾らない純真な人を育てたのはどういう人なだろうと、改めて女史のお誕生日の宿を見ますと亢宿でした。亢宿そのものの方という気がします。あれだけの勇気のある女性は他に見あたりません。もともと女史のファンだった私は、この事件で、ファン度数をまた一気に増してしまいました。

教師をしていると、おびただしい数の学生さんに毎年会います。その中で、本当にたまにですが、この息子さん、この娘さんを育てたお母さまは、いったいどういうお方なのかしらと思うほど、良い学生さんに出会うことがあります。そしてその学生さんたちは、生涯私の心の中に焼き付けられています。

響子さんもその一人ですが、〝子育ての名人〟佐藤愛子さんの宿・亢宿について『宿曜経』から一文をご紹介しておきましょう。納得されることでしょう。

此の宿に生まるる人は、法として合《まさ》に頭首を統領し、口詞《くし》を弁じ、能く経営して、財物饒《おお》かるべし。装束を浄潔にして、用を受喫す。功徳を造《な》し、心力足りて、家風を益す。(『宿曜占法Ⅱ—密教の星占い』三八五頁参照)

氏《てい》宿《すく》

底力を発揮して大衆のために働きましょう

氏宿の人は、頑強な身体と強固な精神力に恵まれています。気取りがなく、自分でこれと信じたことを地道に推し進めて行くので、中年の頃には、家族を中心に円満に暮らすことができるようになります。底力が成果を見せてくれるのです。

生涯に一度、非常に苦しい時期があるといわれていますが、ご本人は忍耐強く働き者ですから、大変だなぁ、と思いながらも気がつかないで過ぎてしまうこともあるようです。端から見ていると大変でも、氏宿さんは自分で頑張れるのです。

仕事も、勇気と実行力があるので、一人で自由にこつこつとできるのです。しかも大衆のため、人のためになる仕事に向いていています。

しかし、強い活力がありますから時として欲望が過剰になって、どんな迷惑を周りにかけているか自分でも分からなくなります。周囲の人びとや家族を大切にしましょう。

やや自分中心で、頑固なところがあると感じた時は、いつまでも自分の考えに固執するのをやめましょう。

他の人のために、自分の強い身体と精神力を使うと、幸運が増大します。

氏宿さんの爽やか一家

初めて《宿曜占法》のお教室を開いた時、一番乗りの生徒さんは氏宿さんでした。男性的でがっしりとした頼りになりそうなタイプ。後から勉強に加わった奥さまは、虚宿さんで色白のほっそり美形。お二人は〈友・衰〉の間柄です。お二人にはハンサムな昴宿さんと鬼宿さんの二人の息子さんがいます。近頃は、昴宿さんが、明るくて可愛い室宿のお嫁さんと結婚しましたので、合わせて五人の一家です。みんな指圧整体師としての治療をお仕事にしているせいか、心から人の痛みを取り除いてあげよう、という気持ちが伝わってくる人たちなのです。それに何と言っても誠実で、淡々としていて、爽やかな感じがします。

それで私はひそかに〃氏宿さんの爽やか一家〃と呼んでいるのです。すでに一人前になっている息子さんたちを育て上げたご夫妻は、今ではこの業界で大ベテランです。それはお父さまの代から受け継いでいるのです。人の痛み、苦しみを取り除いてあげるお仕事を天から授かっていて、これが天職というものでしょうか。

かくいう私も、いつも助けてもらっています。そそっかしい私は転んで足首にひびが入った時、救急で病院に行きましたら、折れていないからと、入院させてくれずに松葉杖一本と痛み止めをくれました。早速、氏宿さんが往診してくれたので病院には一度も行かず、後遺症もなく治ってしまいました。

ここまで勉強するのは大変だったでしょうと聞きましたら、「いやぁ、分かりません。毎日一生懸命していれば、患者さんが良かったと言ってくれますよ、病気で手術の寸前にどうしてもいやで逃げ帰って、うちに来る人もいます。手術しない前なら、治しやすいんですよ」との答がかえってきました。氏宿さんは若い時に一度苦しい目にあっているのではないかと思いますが、ご自分ではあまり感じていないようです。もちろんこのお仕事に就く前のことです。

面白いと思ったのは、この氏宿さんも、いかにも氏宿らしく、自分の欲しいものには目がなくて、パソコン、印刷機などその他いろいろの機械類を所持して使いこなしていることです。ご自分の会の〝会報〟まで作ってしまう技術も持っています。好きなものは手に入れなければ気が済まないという本性がうまく活かされています。好きなものが機械類で良かったですね。

おかげで私もその恩恵を受けています。というのは、私のひどく読みづらい原稿を送っては綺麗に打ち込んでもらったからです。氏宿と鬼宿の息子さんも忍耐強い宿で、快く何回でも書き直しを手伝ってくれました。奥さんの虚宿さんは「大丈夫、二人をどんどん使ってください。なにしろ機械が好きなんですから」などと、私の背中を押してくださったので助かりました。

ご主人をあくまでも中心にして、息子さんを助けながらみんなの活動の原動力となっているのは、虚宿の奥さまでしょう。彼女は気遣いが良く、敏捷で力持ちです。なぜって、大男の患者さんをこともなげに治療してしまうのですから。やはり虚宿の本性を持っています（本書「虚宿」の項参照）。彼女が合気道でも習えば、すぐに二、三人の男性を投げ飛ばせるほどの腕前になることでしょう。

この爽やか一家が、現在の幸福で円満な家風を作り上げるまでには、大変なご苦労や困難な道のりがあったことでしょう。

指圧整体の研究会を創設し、治療所を何軒も作り、そして治療師のための学校も開かれたのは、虚宿さんのお父さまです。立派の一派をなしています。整体というと、ポキポキされて痛いのではないかと思いますが、それとは違っています。痛くされないのに治るのです。それには虚宿さんのお父さま、妻宿さんについてお話ししなければなりません。

妻宿は、身体を治療するのが二十七宿中一番上手で、お医者さまにも最適という宿でしたね。この妻宿のお父さまは、すでに三十五年前から指圧や整体を採り入れて治療の方法をもっと効果的にし、患者さんにはもっとも優しいものにするための研究会を発足させていらしたのです。この会で、指圧の学校に行きながら整体師としての腕も磨くようにとのご指導をされて、八十五歳まで現役で頑張っていらしたのです。

これからそのお話をいたしましょう。何と言っても〝爽やか一家〟について語る時、触れずにはすまされない大切な人なのですから。

妻宿さんはもともと会社勤めの方でしたが、四十代の働き盛りに、奥さまが座骨神経痛と背部痛に苦しめられ始めました。それは、青天《せいてん》の霹靂《へきれき》で思ってもみないことでした。そして日を追うごとにひどくなり、身動きのできないほどの苦痛となって彼女を襲いだしたのです。毎日が地獄のような苦しみだったのでしょう。お風呂に入るのさえ、いくら妻宿さんが手伝っても悲鳴を上げるような騒ぎが続いたのです。妻宿さんは、妻のこの痛みを取り除かなければと、いろいろなお医者さまや治療師さんを訪ねましたが、あまり効果がありませんでした。

そんな時に一条の希望を与えてくださったのが妻宿さんの恩師です。ご自分もお弱かったので、いろいろと治療方法を研究なさっていたのでしょう。

とうとう、その先生の治療で光が見え始めました。妻宿さんは、妻を治療に連れて行くのに、いつもなるべく痛くないようそっと商業車に乗せて、ご自分で気をつけながら運転していったのです。そして治療中は先生の技法を一生懸命に見ておいて、家に帰ってから奥さまを少しでも楽にさせてあげようと、見よう見まねの治療を試みられたのです。何とそのうちに痛みが徐々に薄らいできて、ついにあれほどの苦しみも消えてしまったのです。

その後、妻宿お父さまの、本格的な治療師としての研究と実践が始まるわけです。おいおい近所の人たちを治療してあげて、喜ばれるほどの腕前になっていったのです。

妻宿さんは、五十五歳をもって会社を退職し、治療師としての本格的な道を歩み始めました。その時、恩師のお名前をいただいて研究会を発足させたのでした。開業した当時はいろいろな困難が待ち構えていたようですが、それも克服して、さらに会は発展しました。息子さん（張宿）と娘さん（虚宿）も、妻宿お父さまのお仕事を継いで広める役割を担うことになったのです。

虚宿さんは、まず指圧学校に入りました。そしてそこで氏宿さんと出会い、お父さまの研究会に氏宿さんを紹介したのです。それが、ご夫婦の生涯の伴侶もお仕事も決まるきっかけとなったのですから不思議ですね。何か見えない糸があって、みんなが、人を救う、人の痛みを取り除くご使命を持っているような方向に引っ張られている感じがします。

爽やか一家の長である氏宿さんは、多くの人のためになることをすれば幸運が舞い降りるという使命を持っています。虚宿さんには「会」自体を良いものに仕上げて行く使命もあります。このことを〝夫婦両輪で進む人たち〟と言います。

この間、氏宿さんが『宿曜占法新聞』創刊号を作成してくださいました。それはそれは素敵な出来映えで、私は大満足・大得意になりましたが、たぶんこの煩雑なお仕事をするのに、虚宿さん・昴宿さん・室宿さん・鬼宿さんみんなを巻き込んだのではないかと心配になりました。

とにかく出来上がって、ご夫婦と乾杯することになり、にぎやかにしゃべっていますと、虚宿さん自身がおっしゃるには、彼女が生まれた時、あまりに小さかったので、お医者さんが〝あまり小さいし、顔もくしゃくしゃだし、この子は処分してしまいましょう〟と言ったそうですが、お母さまが、それでも育てるから、といってやっと連れ帰った、というのです。私はそれを聞いた時思わずあ然として、氏宿さんを見て心から言いました。

「こんなに良い奥さんが元気で育ってくれて良かったわね、氏宿さんにこの虚宿さんがいなかったら大変だわ。それにこんな美人をクシャクシャだなんて、ひどいお医者さま！」

本当のところ、私だってお二人がいなかったら困ったのですよ。

氏宿さんは、いつものように泰然として、ニッコリうなずきました。

出会い系サイトで拾った不運

暗い顔をした、本当に不幸そうな女性（氏宿）が相談にみえました。目を伏せて、ぼつぼつとしか話しません。とても気持ちが落ち込んでいるのがよく分かります。暗い感じさえなければ、ごく普通の真面目なタイプの女性です。歳は三十二歳、介護のお仕事をしているということです。

問題は、五十歳位という相当年上の男性（畢宿）との関係を、今後どうすればよいのかということなのです。この女性は一度離婚をしていて、ごく最近まで、十二歳の娘さん（井宿）と仲良く暮らしていました。ところがその家庭に、畢宿の男性が数ヶ月前から出入りするようになったのです。

もちろん、男と女の間ですから、娘さんにも影響が及び始めたのです。お母さんを取られたように思ったのでしょう。しかも、この男性には結婚をする気はなさそうです。時どきどこかに出かけていっては、またふらりと帰ってくるのです。こうして、徐々に彼女を悩ませる存在になってきました。

話はちょっとそれますが、このごろは人生相談的な占いが多いので、充分に話を聞いて、状況をかなり具体的につかんでおかないと、何事も始まりませんし、何よりも的確な占断ができません。それで苛酷に聞こえるかも知れませんが、憔悴しきった氏宿さんから、時間をかけて、やっと以上のお話を聞き出したわけです。

お医者さまに行って、どこがどう具合が悪いのかを説明しなければ、治療を始めてもらえないのと同じです。昔は黙って坐ればピタリと当たる式の占い方法が喜ばれ、今でもそういう占い方もありますが、話を聞いていると、より具体的な開運の糸口が鮮明に分かってくるのです。人の資質や能力と、その人を取り巻く状況に応じて、それぞれ異なった答えが出るのです。

話を元に戻しますと、氏宿さんが、その男性が娘さんと二人暮らしの母子家庭に出入りするのを許していること自体、相当に良くないことですが、その上、その男性が、どんな仕事をしていて、時どき家を空けてどこへ行くのかさえ、ハッキリしないのです。

おまけに生活費は全部氏宿さん持ちですから、一人の少ない働きでは経済的にもどうにもならなくなってきたのです。第三者にとっては何とも莫迦らしいお話しで、全部本当なら、聞いている方は憤慨して、その男に談判してやりたくなりますね。

「もしかして、出会い系サイトか何かで知り合ったんじゃないんですか」

と聞きますと、やはりその通りでした。

わざわざ、サイトで不運を拾ったのです。拾ったものが変なものだったら、すぐさま捨てればよいわけです。でも、これは簡単なようで難しいことこの上無しというものです。氏宿さんにしても、そのぐらいのことは解っているのでしょうが、いざとなるとそれができないから、私のところにお話しに見えたはずです。

そこで、結局は、氏宿さんがその男性から離れるために、一体どう踏み切ればよいのか、ということが問題となります。この問題の本質は、氏宿さんが自分の欲望に溺れて失敗したことにあるからです。

《宿曜占法》的に判断しますと、この畢宿の男性は、氏宿の彼女とも、井宿の娘さんとも〈安・壊〉の間柄です。一方、氏宿のお母さんと井宿の娘さんとは〈命・胎〉の間柄で、切っても切れない縁で結ばれています。その平和で健気《けなげ》な親子の間に、畢宿が不法侵入したような感じです。この親子はすぐにでもこの男から離れなければ、一生不運を背負い続けることになるでしょう。

特に彼女にとって、娘さんとの仲がこじれれば一生後悔することになります。井宿の娘さんは自分にとって、いわゆる目の中に入れても痛くない存在ですから、いつまでも大切にしてあげていれば、一生幸せがついてまわるでしょう。そこで、

「今が決断の時ですから、チャンスを逃さないよう、確固とした決意をもって、不法侵入者を追い出しなさい」

と話しました。もしこの時を逃して、もう少し時が経ってしまうと、三人それぞれでいがみ合いが始まるでしょう。そんな不幸をわざわざ作ることはありません。もっと自分に合った良い男性に会えるまで、時の流れを待つ方が得策です。

このように氐宿さんにお話しをしたのですが、分かっているようないないような、もう一つハッキリとした手応えがありません。この人が本気で、私のアドバイスを受けいれてくれるのかどうか、釈然としないのです。そこで、もう一歩踏み込んで、ハッキリと次のように申しました。

「その畢宿の男性には、もう一つの家庭があって奥さんもいます。あなたの所から時どき家に帰るのは、数かずの悪いことをして奥さんを泣かせていたけれど、歳を取るにつれてだんだん里心がついてきたのです。ハッキリ言って、彼の気持ちはあちらの方に向いていますから、氐宿さんのしていることは非常に莫迦《ばか》らしいことです。しかも近頃は、夫の不倫の相手に妻が慰謝料を請求するのも流行っています」

と話しますと、ポロリと憑《つ》き物が落ちたように納得されました。

氐宿の人は、納得するまでに時間がかかります。しかしいったん決めれば、それを推し進める強い底力のようなものを、誰よりも持っています。彼女の場合も大丈夫だと思いました。

畢宿の人は、周りを省みないで、強引に自分のしたいようにするのが平気なので、よほどの力で押さないとダメですが、氐宿さんの方が若くて底力があるので、できるでしょう。このような落ち込みは、人生に一、二度はあるものですが、氐宿さんには着実な歩みでそれを乗り越えることができます。

近頃はサイトで拾う不運が増えています。心すべきですね。

房《ぼう》宿《すく》

心からの優しさを養ってください

房宿の人は、生まれつき財運に恵まれています。その上、若いときから目上の人に可愛がられ、良い立場に引き上げてもらう幸運があります。世の中のしきたりを重んじて、用心深く生きる人なので、中年ぐらいまでには人に尊敬されるような立派な地位に就いています。

外見も気品があり、整った顔の人が多く、特に笑顔が人の気持ちを和やかにするのです。日常の振る舞いの中にもちょっとした気遣いや、話術がありますので、当然、同輩や部下からも好かれます。自分自身も格好良さを好んでいますが、一般的に、高名な人物、知名度の高い場所やもの、それに高尚な趣味、特に芸術やクラッシック音楽などを好みます。

身体は丈夫ですが、『宿曜経』の類経には、「崖など高いところから落ちたり、戦争に行けば必ず命を落としたりする」と書いてあります。またお金を扱うのが上手なので、銀行勤めや、商人の一人としても成功します。

ただ一つ、あまり苦労したことのない人は本性として心の底では自分本位で、人の苦しみはあまり感じないところがあります。不幸は他人事……と思うのでしょう。しかし、自分のことではなく晩年に子供が思うようになってくれなかったりすると、初めて自分自身で心の痛みを実感することになります。

心から親身になって周りの人びとの不運を取り除いてあげようと努め、そして自分が幸運なのはご先祖さまのおかげだということを実感してください。そうすれば、晩年になってから、家族や、また自分自身に対する不平不満を抱かないですむでしょう。

『宿曜経』で経営コンサルタント

九星気学では、ご高名な女性の先生が、私の《宿曜占法》の講義を受講してくださっていました。

ある時、「先生の事務所（京橋）のお近くに、『宿曜経』で経営コンサルタントをされている方がオフィスを持っていらっしゃいまして、是非一度先生にお会いしたいとのことでしたよ」「それは、嬉しいことね、有り難うございます。是非お会いしてみましょう」ということになって、その方（I氏）のオフィスにお伺いすることにしました。銀座二丁目あたりから入って、昭和通りに面したところです。

私を快く迎えてくださったI氏は、上背のある紳士でした。それに静かで説得力のある話し方や気品の漂う雰囲気は、かっこよさを追求する房宿の人の特徴です。五部屋あるオフィスの中でも特に広いお部屋には、コンサルタントをしてお世話をされた会社が、世界中に発展している状況の図が掛けられていました。

「宿曜は面白いですね。私は長年経営コンサルタントをしていますが、ズーッと、宿曜を使っています」

「では、人事問題でも宿曜を応用なさるのですか？」

「もちろんです。これはとてもみなさんに喜ばれています。会社での居心地がとても良くなった、和やかになった、といわれます。不思議ですね。部屋は気学で考えています」

「ところで息子さん（氐宿）とは、一番親しみ栄えるという〈栄・親〉の間柄でしたね。奥さま（亢宿）とは〈友・衰〉の間柄だし、頼もしい家族ですね。亢宿の奥さまがお仕事を手伝ってくださるそうで、最高ですね。亢宿の奥さまがいらっしゃって、お仕事の補佐をしてくださる会社は皆さま、とても栄えています。この組み合わせのカップルは、財産を作ることにたけていますから。このことについて、私はいつもずいぶん感心させられます」

「先生と私は〈命・業〉の間柄ですね、平安期の頃から『宿曜経』で、あれこれと仕事をしていたお仲間で、前世でも同じようなお話をしていたのかも知れませんね。先生のご本もすぐ目に入って、手に入れたのですから」

「光栄です」

宿曜の話に花が咲いて、帰りは夕方になりました。

銀座でフランス料理をご馳走してくださってから、I氏は千代田区〇〇一丁目のご自宅に雑踏の中を歩いてお帰りになりました。良い運動になるとのことでした。

房宿の方は、コンサルタントのお仕事に向いています。相手のお話によくよく耳を傾けることができるし、細かな点まで見落とさないで注意を払えますから、相手の会社――特に上層部の方がた――とのやりとりで信用を博すことができるのでしょう。

中村天風先生の〝カッコ良さ〟

房宿生まれの偉人に、中村天風先生がいらっしゃいます。

中村天風先生は、一八七六年（明治九年）七月三十日生まれ。実践的思想家として、先生亡き後も、今なお十万人の会員を持つ「財団法人天風会」があります。

先生は数奇な運命をたどり、九死に一生を得ること二回、四十三歳で生き方を一八〇度転換されました。人が成功を収め、健康に生きる道を歩み出されたのでした。一九六八年（昭和四十三年）九十二歳で帰霊されるまで、明治・大正・昭和を通じて、日本のトップレベルに立つ人びとの師として活躍されたのです。

天風先生は、房宿としては少々荒っぽく感じます――毎朝、上半身裸でオフィスまで走って通われたと、たしか先生のご本に書かれていたように思います。

銀行家として、頭取にまでなられたのですから、お金を扱うのが上手な房宿の人とはいえ、やはり成功ですね。中村天風先生の伝記と、人の運勢に重点を置く《算命占法》の命式を合わせてみますと、とても当たっているので驚きます。特に納得がいくのは、先生が、おにぎりを持って突然辻説法を始められた時期が、先生の生涯を通じる精神的・現実的両面での大変改期と一致する点です。

ある時、私に男性のお弟子さんが言いました。

「確かに天風先生のカッコ良さを追求するさまは、いかにも房宿らしいですね。

それから、同じ武闘家であられる藤平光一先生の著書に『中村天風と植芝盛平―氣の確立―』(幻冬舎文庫)という本がありますが、その中に中村先生が呼吸法のクンバク(止息)について、自分のやり方が間違っていたと最後までおっしゃらなかった。やっと最晩年になって〝藤平、お前はおれを見習うな〟と一言おっしゃって、ニタッとされた、というくだりがあるのです。これこそ、カッコ良さを保ちたい房宿の本性が如実に現われていて、たいへん面白いですね。ですから、藤平先生の編み出した呼吸法は、中村先生のとは違いますよ」

天風先生が最後の病床に臥されたとき、藤平先生はお見舞いされたかったのに、行けませんでした。来ても良いというお許しがなかったからです。天風先生は、自分の後を継がせようとまでしたまな弟子に自分の弱った姿を見せるより、元気なときのカッコ良い姿を心に残しておいてもらいたかったのでしょう。

お手紙一枚で消えた女性

大学の教師をしていると、若い人たちに取り囲まれていますから、いろいろなことが走馬燈のように起こっては消えて行きます。私の目の前で起こった〈安・壊〉の二人の男性と一人の女性との悲劇についてお話ししましょう。

肌の色が透き通るように白い、綺麗な女性（房宿）が大学の事務所に勤めることになりました。唇は、美しいピンクのバラの花びらのようです。四年生の学期も終ろうとする頃、一人の男子学生（觜宿）が熱を上げ始めたのです。そして二人はお付き合いを始めました。男子学生の方が年下でしたが、告白したのは彼だったのです。とても人の良さそうな、いわゆる普通のまともな青年です。少しコミカルなところもあったので、クラスでの人気はありました。

彼は卒業して、青森県に就職することになりました。東京と青森という遠距離恋愛だったのですが、月に二度のペースで彼女のところに来ます。觜宿君は結婚を考えていたのですが、觜宿には女難をこうむる人もいます。しかもこの二人は〈安・壊〉の間柄です。

房宿さんのお友だちに女宿さんがいました。この宿の人は物事の本質を把握するのが上手ですから、房宿さんに向ってこう忠告しました――

「二人とも一人っ子同士だし、しかも房宿のお母さんは畢宿でそれはそれは強い人だから、あなた（房宿）は後で苦しむことになるのよ。だから、おやめになった方がいいと思う」

ところが一年後に、同じ職場に虚宿の年下の次男坊の男性が入ってきました。そしてあの綺麗な房宿さんに熱を上げ始めたのです。二人は急接近しますが、今度もまた〈安・壊〉の間柄です。〈安・壊〉の人たちはいつも急に親しくなります。

一人っ子同士の付き合いに親が反対していたので、つい房宿さんは楽な方を選んだのでしょう。今度は虚宿さんと二人で盛り上がってしまい、觜宿の彼氏には一方的に手紙一つで別れを告げました。

彼女はもうルンルンですが、突然別れを宣言された觜宿の彼は精神的に深い痛手を負い、ご両親まで上京されて、女宿さんに事情を聞くようなことまでありました。息子さんのことがよほど心配で、出来ることがあれば息子のために何でも……と思われたのでしょう。しかし、女宿の友人は、「もう、無理なので、諦められた方がよいでしょう」とご両親に話したそうです。

一方房宿さんは、そんな觜宿君の傷心を知ってか知らずか、さっさと虚宿の青年と結婚してしまいましたが、長続きはしませんでした。いろいろなトラブルが起こった末、妊娠八ヶ月の時に、

「お産のために実家に帰ります」と、一枚のメモを自宅のテーブルに残して、実家に帰ってしまいました。

結局二人は別居したまま、十二年後、子供が中学生になるとき離婚の手続きを取りました。この一人息子さんの顔は、元夫の虚宿さんと瓜二つだそうです。

ところでこの場合、房宿さんの自己中心的なところ、自分に不利なことや言いたくないことは一切押し黙っている、という点で、房宿さんの凶の部分の本性がよく出ていると思います。

時によっては、このように心の底に冷たさを持ち合わせている人がいるものです。二人の男性は、みるみるうちに房宿さんの〝飛んで火に入る夏の虫〟になってしまいました。

私は觜宿と房宿との〈安・壊〉の間柄について『宿曜占法Ⅱ』(一七六頁)で、次のように忠告しておきました。

「觜宿は知性的で反省心の強い人です。房宿もこの人と会うのが楽しみです。しかし、この両者は考え方が根本的に違うのだということが次第に分かってきます。自然に離れれば問題はありませんが、腐れ縁になると、長い年月をかけて二人とも苦労を味わいます」

觜宿にとっては、早く離れて良かったわけです。

それから次の虚宿君についても、

「虚宿の人は自分の悟ったことが一番勝れていると信じています。一方房宿は内心とてもドライですから、虚宿が何を言っても、得にもならないことを言っているくらいにしか受け止めません。そんな雰囲気の中で好い仲が長続きするわけがありません。まず房宿が辛い思いをします」

と指摘しています。

まさにこの通りで、房宿さんだけが一方的に悪いわけでもなく、妊娠したまま出て行くのはよほどのことがあったからなのかも知れません。

〈安・壊〉の間柄の人たちは、結婚についてよほど慎重に考え、結婚する場合、お互いの個性を心から尊重し合う覚悟が必要でしょう。

心《しん》宿《すく》

深い心で人を愛してください

心宿の人は、とても良い資質に恵まれています。でも、その資質を活かすためには、人生の大切な節目ふしめで、自分も周りの人びとも共に幸せになるにはどのように行動すべきかを、そのつどハッキリと見極めることが大切です。

頭脳明晰ということばが、文字どおりに当てはまるのが心宿さんです。人好きのする軽快な感覚の持ち主で、〝打てば響く〟……とは、こういう人のことでしょう。

心の中には、次から次へとアイデアが浮かんできます。しかしアイデア倒れにならないよう、周囲の状況や将来的な見通しなども勘案しながら、熟考してみる必要があります。とくに家族やお仲間を巻き込むような事柄の場合はなおさらです。

自分の愛している人たちのために、どうしてあげたらよいのか、一度心から考え直してみましょう。そうすれば、晩年は安泰に過ごせましょう。

この宿の人は、医療関係の仕事や人を看護することがたいへん上手なので、多くの人びとを救います。

今も心に残る心宿さん

十数年前のことです。私が事務所におりますと、誰かがドアをノックしました。「どうぞ」というと静かに開けて入ってきたのは、色白で上品な七十歳位の女性です。

「あのう、私『宿曜占法』のご本を読ませていただきました。もしかしてお教室があれば、お授業を受けさせていただきたいと思いまして。私は〝心宿〟でございますが、何かとても悪い宿のようで」

「そうですか、各宿、良い点も悪い点も両方ありますので、心宿が特に悪いということはないと思いますが。ところで、私はまだ個人的なかかわり以外、クラス単位の講義はしていませんが」

「先生、それはせっかくのご本がもったいないと思います。私で良ければ、往復はがきを書きますから、習いたい方を募集いたしましょうか」

「それも、そうね。では、そうしましょうか」

ということで、すぐに十二、三人のグループができあがりました。彼女のお陰です。

後になって分かったことですが、実はその頃、この心宿さんには、すでに困難なことが起きてしまった後だったのです。何か、心に助けを求めておいでになったのかも知れませんが、彼女はとても静かで口数も少なく、自薦秘書さんになって働くことになりました。私は当時、ギャラリーを開いていたので、とても助かりました。

授業の前には、まず机を拭いて、部屋を整えてくれます。立居振舞が静かで品が良く、居る人に存在感を感じさせずにこまごまと気を遣ってくれますので、私も生徒さんも、みんな快く勉強できたものです。

この心宿さんは、長い間公的な機関に勤めていらっしゃって、私のところに来られたときは、すでに定年を過ぎていました。独身ですが子供の頃からお稽古ごとが好きで、書道・茶道・香道はもちろん、日本舞踊や三味線・鼓まで習っていらっしゃったので、立居振舞が綺麗だったのでしょう。

吾妻橋の近くに九十歳のお母さまをお見舞いしたことがありました。妹さんと三人暮らしだったのです。母親には、足の裏に光線をかけて暖めてあげたり、こまめに健康食を作って食べさせてあげたり、それを近所にいる病気の子供さんのところにも持って行くなど、やはり、人の看護と医療に詳しく、こまめに人助けをする人なのだと思いました。しかもご本人には、気管支炎や喘息などの病気があったのです。

このようなことがあってから、数ヶ月経った頃、妹さんから電話がありました。心宿さんが、私にお金を借りたりして迷惑をかけているのではないかというのです。いつも妹さんにお金を借りに来るので困る、というわけです。もちろん私は、そんなことは何もないし、かえって、私の方こそ助けられているのです、と答えました。

妹さん（奎宿）から聞いた話によりますと、姉の心宿さんは、一年足らず前には母親と二人で生家に住んでいたのだそうです。ところが、ある日突然、妹たち二人がすぐ来るようにと呼ばれたので行ってみると、家には、家財も荷物も何一つなく、姉の心宿さんが「この家は昨日売りました」と宣言したそうです。お母さんはただただ泣いておろおろしているばかりです。それで妹さんはすぐ二人を吾妻橋の自分のマンションに連れ帰ったのでした。

「なぜ、家まで売らなければいけなかったのか、私にはさっぱり分かりません。とにかく今もって、事のいきさつを全然知らないんですよ」と妹さん。「私も、今初めて聞いたので……」というようなお話です。

私は内心びっくりしてしまいましたが、心宿さんに妹さんからの電話のことは言いませんでした。私の事務所に初めて見えたときに、「私は、いけない宿のようです」とおっしゃったのはこの事件の後だったので、心の中で本当にそう思っていらっしゃったのでしょう。

今もって本当のことは分かりませんが、想像すると、茶道やいろいろなお稽古ごとには大変なお金が入用なので、大変だったのでしょう。特に茶道かと思いますが、一度心宿さんに招かれてお茶席に参りましたときに、茶道の先生に紹介されましたが、どうも心宿さんはこの方に相当かかわっていたのではないかと思いました。

心宿さんの失敗には、たいてい見栄を張るということが、一つあるのと、気軽に〝話の行きがかり上、どうしてもこういう事になった……〟などということが多いのです。それでかかわる相手によっては、のっぴきならないことになってしまいます。心宿さんは、晩年病気がちになりやすいので、このようなことにならないよう、気をつけて欲しいのです。

《宿曜占法》でこの方のご家族の間柄を調べますと、ご本人の「命」が心宿ですから、奎宿の妹さんは「業」に当たります。つまり〝命〟のお姉さんに〝業〟の妹さんが尽くさなければならない関係です。そしてお母さんは、柳宿で、心宿さんから見れば「胎」に当たりますので、心宿さんは、どうしてもお母さんの面倒を見ることになります。〈命・業・胎〉の組み合わせの典型的な例です。

このご家族の場合は、みんなが苦しい目にあってしまいました。でも、二人の娘さんがお母さんにとても温かくしてあげていたので、良かったと思います。お母さまが一年後に、心宿さんが三年後に亡くなられました。

人間は、今世がご修行の場だといわれています。私たちはそれぞれに自分が受け継いでいる「業」（ご先祖さまの言動の積み重ね）と向き合い、その悪い面を取り除いていくために、毎日まいにち一生懸命修行をしているわけです。たとえどんなに辛くても、努力するしか救われる途がないようですね。

私の心に今も残るのは、あのお姉さんが見せてくださった、心宿さんの良い資質の面ばかりです。でもご家族の皆さまがお受けになったショックの大きさを考えるにつけ、あの心宿さんが、もう少し深くお母さんと妹さんたちのことを考えていてくださっていたらなぁ……といつもつくづく思います。

自分自身が思慮深く、賢くないと、人を愛せないものですね。斬新で聡明なアイデアと打てば響く軽快さだけでは、本当の愛には簡単に到達できないのかも知れません。

心宿お父さんは偉い

何十年来、私の知っている元学生さんだった心宿さんと家族についてお話ししましょう。

この心宿さんは興味津々、とにかくユニークな人で、言うこと為《な》すことすべて面白く、人の意表をついています。友情には厚く、頭の回転が速く、会社では立派な社長さんで仕事に厳しく、社員には甘辛を使い分け、妻にはわがまま一杯を言い、子供たちにはエラーイお父さんと思われ、〝悪い奴〟に会うとたちまち腕力にかけても改心させようと乗り出すことがしばしばです。でも、元、先生の私には尊敬の念を持って優しくしてくれる人でもあります。つまり、心宿さんの本性丸出しの男性なのです。

時どき私に電話をかけてきては近況報告をしてくれます。あるいは、奥さん（箕宿）や子供さんたち四人（上から心宿の長女、危宿の次女、星宿の三女、そして心宿の長男）にお会いして、お料理上手な箕宿さんのごちそうをいただいたりするのです。一家六人のうち三人が心宿とは面白いご縁ですね。

箕宿の奥さまがおっしゃるには、ご主人は子供をそのまま大人にしたみたいで面白くて楽しい、でも子供の躾《しつけ》はとても厳しく、子供たちもまたお父さんの言うことをきちんと守るよう子供ながらに一生懸命で、しかもお父さんが大好き、といったような感じだそうです。もちろん、勉強を怠けると手厳しいとのことです。

私は内心、エッ、学生時代はいつも友達たちに、麻雀に付き合えとか、飲み屋に行こうとか、相撲部の部活以外はそんな話ばかりしていたのに、何という変貌ぶり、と驚いたのです。いつ教育パパに変身したのでしょう。

ある日、お宅によばれました。可愛らしい子供さんたちは〝お父さんの先生〟だからよほどちゃんとしなければと、かしこまって良い子にしています。ところが私がいつものようにうっかり心宿さんを〝○○君〟と呼んでしまったとたんに、「ワーッ、お父さんが○○君って呼ばれたアー」と、歓声を上げて転げ回りました。

一方心宿旦那は平然として、威厳たっぷりに、○子は勉強を終えたのかとか、○子はきちんと宿題をしたのかとか言っています。箕宿さんには「毎日もっと綺麗に掃除をしろ、料理はまだ研究の余地がある、子供はもっと躾しろ」などとのたまわっていますが、箕宿さんの方は、夫の言うことをとても自然に受け止めて努力しているようです。この方は現実への勘が、他の人の三倍は鋭いので、夫としては（この方も同じく勘が鋭いのですが）得をしています。未然に災難を避けられるのです。箕宿さんは華奢で綺麗な人ですが、ざっくばらんなところもあって何でも話す人なのです。箕宿さんの運は環境によって良くも悪くも変わりますので、この場合、結婚した相手に恵まれていたのです。心宿さんとは〈友・衰〉の間柄で円満に暮らせますし、ご自分の存在がみんなにとって、とても大切なことを自覚してくださると良いですね。

今では、お子さんたちも大きくなりました。心宿さんの考えは「自分も世界のあちらこちらと行って仕事をしている。日本は小さい。大きな広い世界があることを子供たちにも認識させなくては」というものです。そこでまず長女を中国に単身留学させました。娘さんは心宿で同じ命宿ですから、前向き姿勢ではありますが、自立するのにはもう一歩だったのです。「その自覚が甘すぎる。もう一度勉強し直すか、家に帰って仕事でも手伝え、どちらかにしなければ勘当だ！」とこうです。それで娘さん（心宿）は何とか自立しています。母親とは〈友・衰〉の仲です。この長女の方は、苛酷な環境が始めにあってこそ運勢を伸ばすことができ、自尊心もあり、それはお父さんの血を受け継いでいます。

次女は二十歳の危宿さんです。遊びの三大星の一つですが、ある日、何を思ったのか、当時流行りのガングロ化粧と茶パツになりました。当然、心宿お父さんはすごく怒って「カンドウダッ！」と来ました。彼女は家に居られなくて出ていったものの行く当てがありません。夜中公園のベンチに座っているところをお巡りさんが連れてきてくれました。「お父さん堪忍してあげてください」というので、家に入れました。お化粧は落とされ、髪は元の黒に染め変えられ、事無きを得ました。危宿は心宿とは〈安・壊〉の間柄、箕宿とは〈危・成〉の間柄です。深刻に受け取らなくても良いのですが、ご両親の言うことを聞いた方が良いでしょう。事実、その後オーストラリアに留学しておとなしく勉強していますので、お父さんはご満足のようです。この方は危宿なので、周りとの付き合いが上手です。それを活かすお仕事を身に着けると良いと思います。

三女の方は、十七歳、勘の良い人で、一番お父さんに似ているユニークな女性で星宿さんです。面白い知恵とかアイデアに富んでいます。姉に次いでオーストラリアに留学中。珍しく、ご両親とも、この星宿さんとの間柄は〈栄・親〉で、とても良い関係が保てるはずです。ところが、この頃は、お父さんに書いて見せることになっている日記が、お姉さんとは違って〝学校へ行った、帰った、テレビを見た、食べた、寝た〟などと紋切り型になってきていて、教育パパの不満を買っているそうです。この方は、結局、自分の運を自分で切り開いて行くでしょう。

長男の心宿さんは、お父さんと同じ命宿です。同じ宿の人たちはお互いに違和感がありません。赤ちゃんの時、「このお子さんは頭が良いので将来は良く勉強しますよ」と言っておきましたが、一時は勉強しないので困ったものの、また勉強するようになりました。箕宿さんの話によると、心宿お父さんのヘアースタイルなど真似して、お父さんが理想の男になってきたらしいのです。

つい最近、このご長男もオーストラリアにホームスティさせることにした、と心宿さんが言うので、「心配でしょう」と言うと、「なあーに、死ぬようなことはないでしょうから」との返事が返ってきました。内心可愛くてしようがないのに、たとえ二ヶ月とはいえ手放すのですから、心配でたまらないと思います。

しかし、このお父さんは、いつものことながら、きちんと子供たちのことを全部把握できるようなシステムを作っているはずです。子供たちは、日本人のいないところに放り込まれて大変だと思っているでしょうが……。箕宿のお母さんは、若い雛鳥たちを満遍なく羽の下に入れて可愛がっているので心配はありませんが、心宿の人は自分に対しても極端に厳しくなってしまうことがあるので、行き過ぎないように気をつけられると良いと思います。

近頃、息子のご機嫌ばかりうかがっている父母が多く、そのような家庭に限って、三十五、六歳を過ぎてもまだ家でゴロゴロとしている息子さんがいるようですが、この心宿お父さんに「勘当だ！」と一喝してもらいたいものです。

尾《び》宿《すく》

正義の闘いをしましょう

尾宿は十二宮では弓宮に属しています。弓を引いている強い武将を思い起こしてください。馬に乗っている時の姿は勇ましく、どんな障害も目に入らないかのように、一目散に駆け抜けていきます。

何かに打ち込んで、己の技を磨く人です。そして、良くも悪くも闘うのが好きです。また目的に向かって確実に一歩一歩前進する人もいるでしょうが、たいていはまっしぐらという感じで突き進みます。

いつも心に置いていていただきたいのは、〝善〟を目指すことで、決して〝悪〟には関与しないことです。時には尾宿の方で非常に温和で誰にも尊敬される人がいます。

尾宿の男性は家庭を大切にしますので、良い結婚相手を得るのが人生のポイントです。平和な温かい家庭が望めるでしょう。

良い闘い方をした女性と、良くない争いをした女性との例を、それぞれご紹介いたしましょう。お二人とも同じ世代で、もう人生の晩年に入っています。二人の生き方について《宿曜占法》を学ぶ方々に深く考えていただきたいのです。

宿曜占法で道を切り開いた女性

困難な家庭環境を克服して、最後に《宿曜占法》を旗印に突き進み、ついに安穏な老後を築いた尾宿の女性がいらっしゃいます。

ある日、六十歳くらいでしょうか、がっちりしてエネルギッシュな感じの女性が訪れました。

この方は、〈安・壊〉の間柄にある井宿のご主人と、母親に依存して離れない〈栄・親〉の間柄にある末っ子の三男（柳宿）とで暮らしていましたが、ご主人と別れ、三男を独り立ちさせました。長男（箕宿）と次男（壁宿）は結婚しています。

彼女は尾宿の女性らしく一気にしゃべりたてます。

「息子が三人います。三男についても問題はあるのですが、私の一番の難題は、私と〈安・壊〉の関係にある井宿の主人です。若い頃、日本の最高学府に籍をおいて学生運動の委員長となり、東欧のある国に渡航寸前、その国に政変が起きて行けなくなりました。それがいけなかったのでしょうか、その後は、いろいろな事業に成功したり失敗したりを繰り返しながら、結局今は悪くなる一方の人生をたどっています。私は主人がどんな事業を始めても、それを助けてきましたが、子供たちは勝手なお父さんにすっかり立腹して私に離婚を勧めています。どうしたものでしょうか」

私はさっそく、

「もう少し、様子を見てから離婚して、あとは独りで仕事を始めることにしたら」

とアドバイスしました。

息子さんたちは、その後も父親があまりにも身勝手すぎるという理由で、母親に決断を迫りました。そこで三年後、ご自分は井宿のご主人と離婚して占い師になりました。

占い師といっても、ご自分のところで、一人ひとりの話を聞いて、親身にアドバイスをする形ですが、たぶん彼女のところに来た方は、力強さを実感して、自分で堂々と生きるエネルギーをもらっていることでしょう。

彼女は『宿曜占法』でまず、訪ねてくる人の資質と周囲の人びとの間柄を見て、もし詳細を要すれば『算命占法』上・下巻を使うことがあると言っています。

今では、「何度か死のうと思いましたが、何とかやっています。先生の《宿曜占法》のおかげです」とおっしゃいますが、これこそ尾宿さんが持って生まれた本性で前進した姿です。

彼女の話をもう少しご紹介しましょう。

「主人（井宿）は紳士風で外見が良く、人当たりも良いのですが、利害がからむ人や身内には厳しく、自分の意見だけを押し通します。とにかく人が話すと、真剣に聞きもしないで［いや……］と言って反論し、［そうですか］と言うことが少ないのです。頭が良いものですから、いろいろ見聞きしたことを脚色しては、楽しく興味深く話して人の注目を集めますが、自分の得になる人とは親密に付き合うのに、必要がなくなると振り向きもしないのです。努力家で、仕事のために生活もきちんとして食事にも気をつけますが、部下運がなく、親友がいないのです」

彼女は、大変な観察力の持ち主で、井宿の特徴の、それも悪い面を的確にとらえています。しかも尾宿さんであるご自身についても『宿曜占法』にピッタリ合った内容をつかんでいます。

「私は子供の頃は怪我が多く、なぜか、電信柱にぶつかることが多かったのです。友達づきあいはうまくなく、勉強も好きなことだけしかしませんでした。大勢のときは様子を見ていますが、議論になると負けん気の強さが出て、私の一言でものを決めたり人を傷つけたりもしました。弱い人には優しいのですが強い人には厳しく、真面目で上司に引き立てられるので、周りから嫉妬されることがたびたびありました。子供が何かしようとする時も、失敗することが結果的に分かってしまうので、それを事前に注意しているうちに反発され、間柄が悪くなってしまいます。

経済観念は発達しているのにお客様があると大盤振舞いをしてしまいます。それで夫も子供も、私が魔法の金庫でも持っていると考えているらしく、苦しくても助けすぎたのが悪かったのかもしれません。でも家を大切にして子供を守ってきたのが私の誇りです」

この夫婦は、ともに知的で理論家です。しかも両方とも自分の理論に固執して相手を心から受け容れようとはしません。だから始めはともかく、しばらくすると〈安・壊〉の悪い面が出てきて両方のあら探しをはじめ、互いに壊し合いをします、このような場合には、とにかく〈安・壊〉の間柄から抜け出すしかありません。その決断をする勇気がまず求められるのです。その上でお互いの本性を一〇〇パーセント開化させて行くことです。

ところでこの方の子供さんたちとの間柄は、次の本人のお話のように必ずしも悪いわけではありません。

「長男（箕宿）は、父親（井宿）と〈安・壊〉の関係なのに、私（尾宿）とは〈栄・親〉の間柄のせいか、私が困っていると、訪ねてきては何かと助けてくれ、主人とも早く別れるように勧めます。

しかし、次男（觜宿）とは〈危・成〉の間柄で合わず、彼が〈安・壊〉の関係になる胃宿のお嫁さんをもらう時に反対しましたが、結婚して五年たった今では大変なことになっています。男の子（壁宿）が生まれ、その子も両親と〈安・壊〉の間柄です。この夫婦は、幼い子供を近所の人に見てもらっては、それぞれ勝手な所に遊びに行ってしまうことがあるといった始末です。この壁宿の孫と〈友・衰〉の仲にある尾宿のおばあちゃんとしては、とても心配になるわけです。

三男の柳宿は、私と〈栄・親〉の間柄ですが、三十六歳なのに母親にくっついて離れず、私も面倒を見すぎて、かえって自分で苦労を増やしている始末です」

世間を騒がせた尾宿夫人

少し前、テレビ好きの人でなくても、毎日テレビを見たくなるような、ある有名人の尾宿夫人と一座を構えている妻宿座長のバトルがありました。嘘か本当か、高価な品々をもらったとか、もらわなかったとか、尾宿と妻宿の強い二宿がテレビに出てきてはけんかするのですから、面白くてマスコミの格好の題材になりました。

この闘いは、尾宿夫人の側で、現実的に具合の悪そうなことが表面化して、やっと終わりを告げました。でも、お二人の胸の内は百年続いても終わらない憎しみに今も燃え上がっていると思います。

なぜでしょうか。二人は〈命〉（尾宿）と〈業〉（妻宿）の間柄です。前世では、何かの時代劇にでも出てきそうなセリフで〝おめえの取り分の方が多いんじゃないか！〟とかけんかをしていたお仲間だった可能性があります。今世、またばったりと出会ったお二人です。はじめは仲良く同じ先生にお顔のいぼまで取ってもらったりしていたのに、婁宿さん〈業〉からの贈り物をあれもこれもと気楽にもらっていた尾宿夫人〈命〉の態度が、たぶんあまりにも素っ気なく感謝の気持ちが感じられなかったせいでしょう。

〈命〉に当たる人は、〈業〉に当たる人に尽くされても、それが当たり前のように思います。時計回りに尽くす型ですから、「三九の秘宿品」どおりの成り行きです。

その上で、宿の本性を見てみましょう。婁宿はもともと〝狛犬《こまいぬ》さん〟――神社の前で誰がどの位お賽銭を神さまに差し上げたかをちゃんと見ている――と呼ばれるほどですから、ご自分の差し上げたものも、頂いたものもきちんとご存じです。

一方、尾宿さんの悪い面があるとしたら、それは、非常に貪欲になって一度自分の懐に入ったものは出したくないことです。やはり損害をこうむったとすれば婁宿さんで、本当のことをおっしゃっていると思います。でも尾宿さんの強さにはかないませんもの。このバトル、もしかしたら来世でまた再開でしょうか？

話は変わりますが、尾宿夫人のご主人は井宿でお二人の間柄は〈安・壊〉です。このお二人の結婚についても周囲を騒然とさせた事件があったと聞いております。同じ〈安・壊〉の間柄でも、尾宿と井宿は占法盤で見ますと最も遠距離の真向かいにあります。この〈安・壊〉が、俗にいう

〝向こう岸の花は美しく見える〟というわけで、井宿さんには、尾宿夫人が、素晴らしく美しく見えたのでしょう。

「でも、あのお二人は別れないでしょう」

と、ある雑誌記者に話したところ、

「当たり！　そうですよ、ご主人の方で、夫人のためにいろいろハンコなど押していて身動きできませんよ。ご主人はうるさ型で通っていますが、優しい人です。しかし夫人はお茶一杯振る舞わない方です。やはり『宿曜』に書いてあるとおりです」

といいました。

ちなみに尾宿の〝本性は物惜しみし、人情にもとり、人と競うのが好き〟です（『宿曜占法Ⅱ』「宿曜経」の項参照）。

箕《き》宿《すく》

福の神をトップにおきましょう

箕宿は、二十七宿中の六大強宿（畢・亢・尾・箕・室・胃）に入っています。ところが、生き方の善・悪、応対や言動の是・非、運命や性格の明・暗で、一生の吉凶が両極にはっきり分かれてしまいます。

なにかをするときも中庸がなくて、物事にどっぷりと浸かってしまうのが特徴です。度胸があり、精神力が強く、目的を果たすためにはどんなことをしてもかまわない――野を越え山を越え、必要とあらば海も泳ぎ、自分自身の身は、手や足の一本ぐらいそがれても――というようなすごさを持っています。

それだけに、悪事に走らないよう、気を付けたいものです。それで〝悪木に蔭せず〟（『宿曜占法』「箕宿」の項参照）――悪い人物の庇護の下で仕事をしてはいけない――ということになるのです。この点を注意しなければ、人生そのものを台無しにする可能性があります。

箕宿のもう一つの大きな特徴は、これほど良く気がついてこまめに動く人が、他宿にはいないということです。

ですから、トップになるよりは、ナンバー2として上の人を支える方が力量を発揮できます。

それに、中庸を欠くところがあるのを押さえてもらえるので、危険度を低下できます。

支えられる方としても、これほど助けになる人には、そう簡単に巡り会えません。

箕宿の人は、見たところ快活で頼もしいし、話し始めると話題が豊富なので、聞き手もつい話しに引き込まれるほどです。

女性はとても魅力的な人が多く、話し方も明快だし、物事の理解力も良いので、お返事がツーカーで戻ってきます。

お嫁さんを見つけに世界中を巡った青年

知人の息子さんの話です。

ご主人は大学の先生で、とても穏和な方です。奥さまは明るくてお話し好きです。ご夫婦とも運命学を幅広い趣味の一つになさっています。

このお二人の驚きは、息子さんの行動様式が《宿曜占法》でピタリと当たってしまった、ということです。

ある日、息子さんが、外国人をお嫁さんに欲しい、といいだしたのです。もちろんご両親はあれこれと言い聞かせて、思いとどまらせようとされました。

それでも息子さんは、どうしてもと外国へ〝お嫁さん探しの旅〟に出てしまいます。まず二年ほど西ヨーロッパとアメリカへ。次にロシアそしてとうとうお嫁さんになる人を見つけますが、その人が日本に来ればその女性のお母さまが独り残されてしまいます。優しいご両親はお母さんがお気の毒でしょう、と息子さんを説得して諦めさせました。

もちろん、箕宿の息子さんは、今度は東欧のある国へと旅を続け、ある国でとうとうお嫁さんを見つけたのです。意気揚々と連れ帰って、みごと望みどおりウエディングベルを鳴らしました。今では、それはそれは可愛いお孫さんもできて、ご両親も幸福そうです。

結局、ご両親にとっての謎は、どんな障害や危険にも屈せず、廻り道もいとわないで、目的に向かって邁進するという箕宿さんの本性を、『宿曜経』は、いつ、どのようにしてかくも的確に把握したのか、ということでした。

箕宿については、今から約一八〇〇年ほど前（西暦二三〇年頃）、『宿曜経』以前に中国で著された『摩登伽経《まとうがきょう》』や、約一七〇〇年前の『舎頭諫経《しゃずかんきょう》』に、〝性質は温和で、親には孝行をし、精神の集中力が強い〟と書かれています。〝また旅が好きで辛苦に耐える〟ともされています（『宿曜占法Ⅱ』「宿曜占法の古典・類経」の項参照）。

精神を集中させて事にあたり、旅行好きで、辛苦に耐える、というところなど息子さんにピッタリだと、ご両親が驚かれたのも無理はありません。しかも、〝ハンサムで親孝行〟とも書かれています。良かったと思います。

社運をにぎる箕宿三人男

ずっと以前からの読者・箕宿さんが、ある日こんな質問をしました。

「私のいる会社には、社長、副社長、私と三人の箕宿がいるんですよ。社長は海外に出かけることが多く、その下に、頭が切れて、儲けるのもうまい副社長がいて、私はこの会社で顧問をしています。

社長は、俺は自由人なので面倒なのはいやだ、トップに向かない、箕宿ってナンバー2だろう、子会社の社長が社長になればよいのかなぁ、もうそろそろ交替する時期なのかなぁ、どこか旅に出て、他の国でなんか商売でもしたいよ……とかいって、一人ですねてますよ」

「先生の本には、箕宿はトップでなく、補佐役に回るか、雇われ社長の方が良い、と書いてありますね。それに私たちは全部箕宿で、同じ命宿同士ですが、これはどう考えたらよいのでしょうか？」

顧問の箕宿さんは、がっちりとした、何でも相談できそうな頼りがいのある人柄です。

命宿同士の場合、同じ宿なのでお互いの気持ちを理解し合え、普通はなんの心配もないのです。

なん組かのカップルをよく知っていますが、仲良く暮らしています。ただ箕宿の方は、周りの人びとのことにとても気づかいをしますので、気づかう余りあれこれ考え、かえって独断的な行動に走ることがあります。これだけは避けたいものです。お互い余り親密になるより少し間を置きながら、ゆとりを持ってつきあうようにすればよいでしょう。

その会社の現社長さんは二代目で、初代社長であったお父さんの意志で社長さんになったのです。私もお会いしたことがありますが、素朴で暖かみのある、気づかいのある方です。それに運の良い人です。

子会社の社長さんにお会いしたことはありませんが、頭脳明晰で新分野を開発するのが得意だそうです。大成功を納めています。

もしかして、社長役を交替してもよいと考えておられるようでしたら、その答は〝否〟でしょう。父の後を継いだのなら、その形を保った方が会社の運は良いのです。なぜかというと、この社長さんは二代目なので、大きな主役は今でも亡くなった初代の社長さんなのです。今の社長さんは、父であり、会社の創設者である前社長さんを尊敬され、会社をさらに発展させるために一生懸命なので、言うなれば今も前社長の補佐役ともいえます。子会社の社長さんも、この現・二代目社長さんがいるかぎり、思う存分力を発揮しながら安泰が保てます。

顧問の箕宿さんも同じです。

箕宿三人男の現在のチーム・ワークを崩さずに、補佐役としての資質を充分に活かしながら、会社をいっそう盛り立てていただきたいのです。常に〝福の神〟をトップにしておきましょう。

安・壊の間柄なのに愉快なお仲間たち

私の周りに現われ、今もおつきあいのある箕宿さんたちのお話をしましょう。

箕宿さんとは何故か良いご縁があるらしいのです。〈安・壊〉の間柄だというのに！　いやにうまが合ってしまうのです。それは私の思い違いで、頼りにならなさそうな私を可哀想に思っているのでしょうか。私を助けてくれる箕宿さんたちばかりなのです。

このことで分かるのは、〈安・壊〉の間柄だからといって、むやみにお友達や周りの人たちを敬遠しないで、お互いが持っている資質を見抜いておつきあいすれば、素敵な世界が開けるということです。

ただ、結婚や利害関係が絡むときの〈安・壊〉の組み合わせには、気を付けなければいけません。

なんといっても、二十七宿中最も気がついて、積極的に行動を起こすのが箕宿です。その気づかいのあることといったら、誰もかなわないでしょう。それに箕宿の人はなぜか、どこにいても目立ちます。他の人にはしにくいこともできますので、羨ましがられたり、嫉妬されたりするのです。いつも大きな良い樹の下にいたほうが幸運そうで、安全です。

私と〈安・壊〉の間柄にある一番バッターは、なんといっても、大学の教え子の、箕宿女子学生です。私のゼミでは、なんと〝人生の話〟ばかりです。

可愛らしくて善良な充子《みつこ》さんが、

「先生、私は何になったらいいんでしょう？」

「そうね、貴女は箕宿だから、銀座のクラブの雇われママになれば、七つの蔵が建つといいますよ」

なんて答えてしまったら、その後、何年たっても、

「私、先生に雇われママになると儲かるっていわれたの」って、楽しそうにしゃべってます。ご両親の前でもいったので私は困りました。

彼女はスチュワーデスをしていますが、今でも時折、世界中のあちらこちらから、手紙や小包を送ってくれます。

次に登場するのが、視聴覚教室（器機を使って、英語を聞く・話すなどの練習をさせる部屋）の助手箕宿君です。

朝の授業は低血圧の私にとって地獄です。何を教えているのか自分でも訳が分からなくなったこともあります。そこで何年間も私を救ってくれたのが、助手の箕宿君です。何とか教室にたど

り着くと、教師用テーブルの上に、テキストやその日の授業計画表が開かれ、テキスト用紙も並べられています。箕宿君にボタンを押す合図さえすれば、その瞬間に授業が始まります。〝ヒャーッ、助かったワー〟毎回思うのでした。

ある日、この箕宿君が段ボール箱を二つ持ってきました。

「先生、僕、他の課に移ることにしました。この課にいると出世しないんだそうで。先生のテキストはみんなこの中に入っています」

アッ、困った、どうしよう……と思いつつ、

「それは、そうよね、今までどうも有り難う」

箕宿君の上司である尾宿君は、

「あいつ、なんだ急に……」

と、怒っていましたが、本当に、今でも有り難う、という気持ちでいっぱいです。

このように、箕宿さんには、何かを急にばっさりと変えられる資質も備わっています。

後年、大学を終えて、《宿曜占法》の講座を開きました。

ある日、六人ほどのおばさま方の小グループでこんな質問をしてみました。――

「よく言うでしょう、〝人には普通できないようなこと〟、あなた方できると思う?」

ちょっと、考えてから、

「ハーイ、できます」

と、その中の箕宿さんが元気よく答えました。

今、彼女とはとっても仲の良い友だちになっていますが、この箕宿さんは二年の間に二回も命がけの手術を受けました。そのあと身体の痛みがひどいのですが、本当に強い意志を持って耐え抜いていらっしゃいます。並の人なら、実に困ってしまうような辛いことや苦しいことをあくまでも我慢しぬくか、あるいは、「エーイッ」と一刀両断に切ってしまう強さがあるということです。箕宿の方々を見ていてつくづくそう思うのです。なぜか、痛い思いをなさってしまうのです。その上、それをあまり表わさないでやり過ごすので周りの人は気がつかないのです。

それが箕宿さんが強いと言われる所以です。命を張って人を助けることもできる人です。

よくよく考えてみれば、それぞれの宿が本来とても良い資質を授かっていることが分かります。

箕宿さんが私を大きく救ってくださったお話は、まだまだたくさんありますが、それは他の項にゆずることにしましょう。

斗《と》宿《すく》

ライバル意識を上手に使ってください

斗宿は、二十七宿中で幸運な三大宿星の一つとされています。その上、斗宿の人は、人生を本当に真剣に生きようとするので、周りの人より常に一歩先んじようとする気構えを、非常に強く持っています。

しかし、前に進むことばかりに熱中すると、家族や周りの人びとに迷惑をかけ、時には人びとの失笑を買うことにもなりかねません。

それから、一つのことにこだわりすぎると、かえって不運を招きます。口惜しさや嫉妬心が頭をもたげるからです。

目標が高いのも、努力するのも大変によいことですが、本来良い運を授かり、幸運で幸せな生まれなのですから、常に自分を鏡に写して見ていられるような心の余裕を持って、優しく柔和な気持ちで安心して人に接し、素直に神仏を信仰しましょう。

そうすれば、目上の人の信頼も厚くなり、物質面での豊かさにも恵まれます。

ライバル意識を子供に託す女親

斗宿には、自分はライバル意識が人一倍旺盛だなどと考えてもみない人が大勢います。それは斗宿の人の闘争心がもともと大変強すぎて、しかも独りよがりなので、本人が周りの人びとと自分とを比べることを知らないからです。

それで思い出すのは、一人の老占い師さんのことです。

「先生、私は人と争ったこともありませんし、ライバル意識など全然持っていません」

「そうですか」

と話しているうちに、子供のことになると
「私は娘が小さいときは、お誕生会など、クラス全員をご招待しました」

などと言い出します。

「ちょっとね、今、クラス全員……っておっしゃったでしょう。せいぜい、お友だち五、六人まではお呼びしたという話は聞きますが、全員とはネエ。それでも、あなたはライバル意識がないとおっしゃるの。今も、その娘さんがお勤めしている会社の全員を占って後押ししているじゃありませんか」

「アッ！　それはそうですね、そうなるとやはり私は斗宿そのものですね」

面白いですね、人間って本当に自分が分からないものなのです。彼女は人の気持ちをよく知り尽くしているはずの老練な占い師さんです。本当の意味で人を助けてあげられる技術と人柄を具えている方でした。それでも自分のことは気がつかないわけです。

さらに、私が思い出すのは、友人の一人であった、斗宿のインテリ女性のことです。斗宿らしく、若い時は、とてもすっきりとした可愛らしいお嬢様タイプの勉強家で、しかも雄弁でした。目上の人からは目をかけられ、誰よりも早く、良い地位と月給、しかも有利な条件で働ける場所を与えられました。彼女が働く場所としてはこれ以上のところはありませんでした。

彼女のご主人も秀才で、優秀なエンジニアです。彼女のお得意の話によれば、大学時代に知り合った彼に狙いを定めて、十年もかけて結婚にこぎつけたというのです。なぜ十年もかけなければ彼を結婚に踏み切らせられなかったのか、よく分かりませんが……。

とにかく二人の女の子供さんたちに恵まれました。ところが、幸運に恵まれていたはずの彼女の様子は一変してきたのです。顔が暗く、しわが急に増え、髪はカツラになり、時どき周囲を驚かすほど急に怒り出すようになったのです。

はじめ、周囲の人びとにはなぜなのかさっぱり分からなかったのですが、徐々に分かってきたのは、斗宿である彼女が、長女を世界的なピアニストに、次女をバレリーナに仕上げるという高邁な目標を持ち始めたのだということでした。そしてそれは、後に続くすべての苦しみのほんの始まりだったのです。

大先生にレッスンをしてもらうこと、音楽の都ウィーンに留学させること、そして賞を取って世界的にデビューさせること。この大きな目標のために彼女はすべてのエネルギーとお金をつぎ込みます。一時間のレッスンに六万円もかかる〝大先生〟を見つけたといって喜んでいたこともありました。

ところがまず上のお子さんが、強制的なピアノのお稽古に大反発を始めました。子供さんにとっては辛かったのでしょう。下の娘さんも同じようなプロセスをたどります。

斗宿の彼女は言いました。

「私、本当に悲しくなるの、こんなに私が一生懸命なのに、あの子たちって、私に向って、〝あんた、いつ死ぬの、あんたって、売春婦みたいね〟とかそれはひどいの」

子供たちのこのようなすごい言葉の数々に、彼女は髪も抜けるほど痛めつけられたに違いありません。たぶん、ストレスからお化粧や着付けがひどくなって、娘さんたちには奇異で不快に思えたのでしょう。

それでもめげずに、レッスンや、コンサートへの出演などで、手をゆるめることはありませんでした。お金もずいぶんつぎ込んだことでしょう。彼女の思いは、――私がこんなにあの子たちのためにしてあげているのに、何で素直に分かってくれないのかしら――ということだけだったのでしょう。

ご主人は週末だけ帰ってくる単身赴任だったので分からなかったのでしょうが、それでもとにかく、斗宿さんの計画通りに事は運ばれていったのでした。

あるとき、友人仲間で一泊旅行に行ったとき、斗宿さんは旅館のお部屋に着くなり電話にかじりついて、何か延々と子供に話しています。

「……あのね、あなたはね、そういう考え方じゃダメなのよ……」

考え方まで規制されるようなら、私だったらとっくに家出だな、とふと思ったりしたものです。自分は、他の女性には望めないくらいの幸運を手にしているのですから、あれほど嫌がっているのだから子供には自由にさせてあげればよいのに……。でも斗宿さんにしてみれば、自分の闘いは済んでしまったのですから、次のターゲットとして、子供たちの輝かしい未来を実現したかったのでしょう。

私は時どき、家庭教師的アドバイザーとして呼ばれました。とても美しく清楚で、素直な良い感じのお嬢さんたちでした。「うちの子たちは、あなたには抵抗がないの」とのことでした。

やがて、上のお嬢さんはウィーンに留学し、同じように留学していた外国の男性と結婚して子供さんもでき、斗宿の彼女は〝お婆ちゃん〟となったのです。このお嬢さんは井宿で、斗宿のお母さまとは〈危・成〉の間柄です。斗宿は負けず嫌いですからたいへんな挑戦を試みますが、生来の理論家の井宿には、所詮かないません。

結局、最後には歳を取ってから住むためにウィーンに買っておいたアパートまで、井宿のお嬢さん一家に占領されてしまい、ご主人のぼやくことといったらありません。お孫さんに会いに行っても、自分たちはホテル住まいだというわけです。

一方、バレリーナになるはずだった下の娘さんも、幼なじみの青年と結婚して、子供さんをもうけました。この娘さんは星宿で母親（斗宿）とは〈友・衰〉の間柄です。ですから上の娘さんとのご縁の方が遠くなっていきます。

彼女もご主人もその後停年退職を迎えます。しばらくは平和な日々が続きましたが、斗宿さんはまたまた挑戦を始めます。

それは、七十歳を目前にした、人生最後の恋だったのです。彼女の恋は、それはそれは燃え上がるサラマンドルのようなものでした。〃ご主人も、子供も、家もみんないらない、あの方だけがいれば〃というのです。〃あの方〃は七十代後半の亢宿さんで〈安・壊〉の間柄です。亢宿さんも一筋縄ではいかない強い宿ですから、斗宿さんの言うなりになっているとは思えません。でもその前に、〃あの方〃がいつまで生きるのか心配になって私に聞くのです――

「人の命はのぞいて見ることができないの。ご先祖さまが徳を積んでおられたとか、ご自分が徳を積まれたとかで、ご寿命が決まるし、そんな場合には良いお医者さまにも巡り会えるしね」

「そうでしょうね、私、彼に頼んでおいたの、〝絶対に死なないでね〟って」

「そうしたら何ておっしゃったの」

「〝ウン、死なないよ〟って約束してくれたの。私、とても夢中なの、夢みたいに」

何ヶ月か過ぎて、心配していたように、彼が、奥さんや家庭に対して優しすぎるとか、彼女の書いた手紙に返事をくれなくなったとか言い始めたのです。斗宿さんのライバル意識がまたもや燃え始めたのです。およそ、いわゆる、お茶のみ友だちにしておくか、そんなに情熱があるのなら、深海底潜水艇みたいに深く、ゆっくり潜行するしかないでしょうと言いましたが、全然分からないのです。

それで「とにかく、あなたの自尊心が傷つけられるようなことがあったら、やめた方がいいわよ」と、恋の終わりの近いことを匂わせておきました。そうすれば、ショックが少ないかも知れないと思ったからです。

最後は、何かうやむやのうちに相手が後退りしていなくなった、という感じでした。斗宿さんにすれば何か釈然としない、莫迦にされたみたいな感じだというのですが、七十代後半の男性にとっては、いくら亢宿といえども、斗宿さんは重苦しい相手だったのでしょう。悠々自適の日々を送りたいのに、これでもか、これでもか、とお話やお手紙攻めにあったんじゃネェ。今頃温泉なんかに浸って疲れを癒しているのかも知れません。

《算命占法》で命式を細かく見ても、亢宿さんの方が一枚上手でした。いつも不思議に思うのですが、《宿曜占法》の宿の占いと《算命占法》の細かい占いの結論が、なぜか必ずといっていいほど同じになるのです。

平和で明るく静かに過ごせる生涯を、斗宿の彼女はなぜこうもがんばらなくてはならなかったのでしょう。それはやはり斗宿の持つ本性のままに生き抜こうとしたからなのでしょう。それはそれで自然な一つの生き方だと思います。しかしそれにしても、子供を立派に育てたいという母親としての気持ちも分かりますが、自分の本性をもう少し自覚していてくれれば、もっとゆとりのある穏やかな人生を創造でき、子供さんたちも伸びのびと専門の技芸を身につけていかれたことでしょう。

ユウレイになった私

余談を一つ――

ある日、仏教や占い系の本ばかり集めている有名な神田の古本屋さんに、久しぶりに顔を出しました。執筆中だったのでなかなか行けなかったのです。

私が店に入って行くと、本屋のご主人も奥さんも椅子から腰を浮かして、信じられないといった面持ちで私の足元を見つめているのです。

「あっ、あのう、先生お元気だったのですカァ」

「ええ、元気だけが私の取柄ですから」

「ああそうですカァ。いや、あのう、先生はとってもお具合が悪くて、もう再起不能とお聞きしたものですから……」

「誰がそういったの？」

「イヤー、あのね……」

一生懸命に答えまいとしていましたが、私を足無しのユウレイにした〝犯人〟はすぐ分かりました。いつものことながら同じ占術家の斗宿の女性です。

斗宿さんは、ライバル意識が強いので、早とちりで人に笑われることがあります。本性を良い方向に使うよう心したいものです。

ちなみに、このような事が起こると、〝生霊《いきりょう》〟を送られた、として気にする方がいらっしゃいます。本当は、気にしなければ、送ったご本人が、投げた汚いものを被ってしまうとされていきます。しかしそれだけでは心配の方に、『法華経』の陀羅尼品第二十六、提婆達多品第十二、勧持品第十三、観世音菩薩普門品第二十五の四品の読誦《どくじゅ》をお勧めいたします。

女《じょ》宿《すく》

みなさんのお手本になりましょう

女宿の人の性格は、男性と女性とではちょっと違っています。男性は心の中で何を考えているのかちょっと分からないところがありますが、女性はその点物事の判断が非常に明快で、仕事をテキパキとこなし、その上、自分の考えを他の人にもきちんと理解してもらえるように話したり行動したりします。

男性は時として女色に溺れやすいところがありますが、女性ははっきりしていて、貞節で、自分の家族や一門の名誉を守ったり、繁栄させるのに力を発揮します。

両者に共通なのは、信仰心が強く、仏さまを信じて人生を送る人が多い点です。男性は僧侶や宗教家になる人が多く、女性も終始深い信仰心をごく自然に持っています。

両者とも、字が綺麗で、風雅なものを愛し、音楽や、茶の湯・美術工芸に秀でています。

もう一つこの宿の人に共通なのは、周りの人びとをよく観察できるだけに、仕切りたがる傾向があることです。

生き方が良ければ、晩年は名誉と財運に恵まれるでしょう。

女宿のお弟子さんをもつ幸運な私

私は何故かお弟子さんたち――《宿曜占法》や《算命占法》の本質を深く理解して、私を心から助けてくれるお弟子さんたち――に恵まれています。

実をいうと、何をしても頼りない私にじれったくなって、何とかせずにはいられないのでしょう。私は皆さんに助けられながらこうして無事に何十年も過ごさせていただいたのです。

《宿曜占法》の一番弟子は、何といっても女宿の富澤裕子さんです。一九九〇年に『宿曜占法―密教占星術―』を書き上げましたが、〝原稿用紙と万年筆〟主義で、しかも字があまり上手ではない私が頼りにできるのは、裕子さん以外にありませんでした。

彼女と知り合ったのは、もう二十三年も前のことです。当時、彼女は玉川大学を卒業して大学の事務所に勤めていましたが、いかにも女宿の女性らしくいつも仕事をきっちりとこなし、ビオラなどを弾く、ぽっちゃりとした、えくぼの可愛い明るい娘さんでした。それに筆記の文字も美しく、しかも早書きが得意でした。

私が最初の本を書き始めた頃は、もう専業主婦をしていた裕子さんは、本の清書をして欲しいという私の頼みに快く応じてくれました。ところがそれからが大変でした。朝から夕方までの私たちの〝流れ作業〟が始まりました。机を挟んで向かい合った女宿さんに、鬼宿の私が書いたこの上なく分かり難い文字の原稿を、書き上げるごとに引きはがしては女宿さんの前に置くのです。彼女はこともなげにサッサと綺麗にお清書をしてしまいます。

時々、顔を上げて、ニコッとして「参宿の人って本当にこの通りですね、あの第二文学部のC子さん、覚えていらっしゃいますか、あの人ね、グラマーで、ぶ厚い唇なんかこの通り。でも怒るとすごい言葉遣うんですよ」「エエ、そうよね、ウフフ」と、時には笑いを交えながら作業は延々と続きました。一口に言うと簡単なようですが、それは苦しい作業で、お昼頃になると、彼女に近くのお弁当屋さんに行ってもらい、食べ終わるとまた始めるのです。そんな時ホッと一息ついたところで、共通に知っている先生方や学生を何宿だろうと推測するのが、私たちのちょっとした楽しみでした。

女宿さんのお陰で清書は無事に終わり、出版の運びとなったのです。

女宿には信仰心が強くて念力の強い人がたくさんいます。この女宿さんに、私が助教授時代に「あなた、結婚はまだなの？　あなたと結婚したい人がいるはずよ、その人との結婚が叶うことをしてみます？」と言ったことがありました。私の言った通り、彼女は地方のある神社に行って、そこで二時間半居てお祈りをしたのです。加えて、その時の私のアドバイスは、お目当ての男性は「井宿」ですから、とにかくその人に優しくしてあげなさい、と言うことだったと思います。

女宿と井宿は、元来〈安・壊〉の間柄ですが、その時のお二人は〃これ以上の人はない〃とお互いにお思いでしたでしょうし、井宿の男性は本当は優しくてむしろ甘ったれのところがあるくらいなのに対して、女宿の彼女は、頼りがいのある賢い女性で、しかも、〃松・竹・梅〃に例をとれば、最高の〃松〃ですから、お二人が一緒ならなんでも乗り切れると思ったからなのです。

話はそれますが、心で結婚を決めた二人が相談にみえた時には、いくら〈安・壊〉の関係でも、切り離したり、別れさせたりしないで、幸福に暮らして行くためのアドバイスをしてあげるのが私の役目と思っています。

間もなく、女宿さんと井宿さんは結婚をしましたが、結婚後四年を経ているのに赤ちゃんが授からないというので、今度は、霊感のある私の姉に聞くと、「女宿さんのご先祖さまの中に尼さんになった人がいて、その人は他界した後お経も上げてもらえないので寂しがっています。ご供養をした方が良いでしょう」と言うことでした。彼女がお母さまに調べていただくと、驚いたことにやはりそういう方がいらっしゃったので、お寺さんにご供養をしていただいたところ、三ヶ月後におめでたになった次第です。

今は、その優しい井宿のご主人と、《宿曜占法》大好きの軫宿のお嬢さんと、三人で楽しく暮らしています。母親（女宿）は、娘さん（軫宿）とは〈命・胎〉の深い間柄です。これらの幸運はすべて、彼女の深い信仰の功徳です。

この女宿さんには、《宿曜占法》教室の講師や、また私の著書の読者で、講義を受けたいのに身体的な問題があって出席できない方のために、個人講師として出かけてもらっています。出張講師に行った後など、彼女はあたかも私がその場所に行って、二人の話を聞いているかのように、ありありとその時の状況を説明してくれるのです。各宿の癖を本当によく知っていて、顔かたち・動作・眼の動きなどまで詳しく見て取るのは女宿の得意とするところです。

お閻魔さまに袖の下を

さて、次に女宿の男性を紹介しましょう。

私の最近のお弟子さんで、長年、本田常二郎（虚宿）という先生について「氣学」を習っていた方がいらっしゃいます。その本田常二郎先生とは、占術を駆使しながらも多くの方がたに『法華経』を説いていらっしゃった素晴らしい方だったそうです。

ですからこの女宿さんは、その先生の影響で、今ではお寺での「お経会」の運営に参加していたり、仏教の本を編集していたりしております。誰が見ても信仰心が篤く、仕切り屋さんという、まさに女宿の典型的な方といえます。

残念ながら本田先生は亡くなられたそうですが、女宿さんは二十年近くこの先生から教えを受け、その話をわかりやすくまとめておりました。それが今では実を結んで、一冊の書籍として出版されています（本田常二郎講演集『こころの妙薬』本田憲章編・メディアート出版）。生きる上でたいへん示唆に富んだ内容ですので、ご一読をお勧めいたします。

それでは、本田先生のエピソードをひとつご紹介しましょう。

ある日、ご年配の方がたの集まりで本田先生がお話をすることになりました。

お話をする前から「仏教なんて、ありもしないあの世の話ばかりするので信じられん」と、いきなり主張する方が現われました。すると周りも「そうだ、ただ坊主が儲かるだけだ」と言い出す始末。本田先生はちょっと考えてから、こんなことをみなさんに尋ねられました。

「死んだら〝地獄〟に行くぞと脅かす人がいるようだが、みなさんは〝地獄〟があるかどうかご存知ですかね」

「そんなもの迷信で、あるわけがない」

とみな口をそろえて言います。

「そんなこと聞くなんて、本田先生は見てきたことがあるのかい？」

「残念なことにおれも逝って見て来たわけじゃないから、あるんだかないんだか分からんな。だがね、もし、あんたが死んで、昔の人が言うように〝地獄〟があるとしたなら、〝あっ、しまった！　やっぱり地獄はあったんだ〟と悔やんでも後の祭りだな」

「そういえば、針の山とか血の池地獄とか聞いたことがあるな」

と誰かが口を挟みました。

「お互い棺桶に片足突っ込んだ歳になって、このまま死んでお閻魔さまの裁きを受けるなんてことになるのかね」

こう先生がつぶやくと、とたんにみんな元気がなくなりました。どうも歳の話になると弱いようです。

「まあ、〝地獄〟があるかないか分からないが、もしものために保険をかけておくことだ」

「それじゃ先生、おれたちはどうすればいいんだい」

ということになりました。

「そうだな。あの世があるなら、どうにか大目に見てもらいたいわけだ。昔から〝地獄の沙汰も金次第〟と言うだろう。まあ、お閻魔さまも〝袖の下〟には弱いということだな」

これには一同、大爆笑。

「そりゃそうだろう。でも、死んで金なんかもっていけるはずがない」

「そのとおり。死んでからじゃ遅いんだな。それで今からあの世に貯金をしておくのさ」

「どこに貯金をするんだい？」

と言って、みなさん身を乗り出して次の言葉を待っています。

「やっと本題に入ったな。今日は、この話をしに来たんだよ。つまり、生きているうちに自分の身銭を切って神社やお寺にお布施をさせていただく。もちろん世間様のためになるようにお金を使う。このことが〝徳〟となって、あの世に貯金をすることになるわけだ」

「ふーん。そういうものかね」

みなさんは考え込んでしまいました。

「しこたま貯めこんだって、死んだらあの世にもっていけるはずがないだろう。だったら、今のうちに縁のあるお寺さんや神社にお布施をして頼んでおくんだよ。下手に財産なんか残しておくと身内の争いや面白くないことが起きるだけだぞ」

女宿のお弟子さんはこのエピソードを語り、仏教に懐疑的な方がたを仏縁に触れさせる本田先生の柔軟な方便力を紹介してくださいました。

生前、本田先生は日に何人もの相談を受けて問題を解決されていたそうですが、その心は『法華経』であったといいます。けれども、そのお話は誰にも理解しやすく、決して『法華経』の信仰を強く求めませんでした。問題解決には、ご先祖さまのご供養を第一にお勧めしていらしたそうです。ですから、さまざまな宗教、宗派の方がたが相談に見えたといいます。

女宿のお弟子さんは、虚宿の先生とは〈栄・親〉の間柄で、しかも占星盤では一番近いお隣り同士で、ぴったりと寄り添っています。大変に息の合った先生（虚宿）とお弟子さん（女宿）だったわけです。

虚《きょ》宿《すく》

独断よりも協調を心がけてください

虚宿は、二十七宿中最も霊界を理解する資質を持っていて、先祖の供養を第一とするときに幸運に恵まれます、それも、自分一人の信仰や経典の理解だけではなく、他の人びとの意見に素直に耳を傾けることが大切です。この点を深く肝に銘じて生きていけば、必ず幸運が訪れます。

ところが虚宿の人には、自分の考えに異常な自信を持っていて、容易に他人の話を受け入れられないという欠点がありますから、まずそれを克服してかからねばなりません（『宿曜占法Ⅱ』「舎頭諫経」の項参照）。そうすれば精神世界と、共に芸術・音楽・技術の面で特出した人物になることができます。

『大集経《だいじっきょう》』「神足品」にも、虚宿について〝幸せで人徳が備わり、豊かで地位も高く、親戚一同に愛される〟とあります。つまり人びとの意見に謙虚に耳を傾けて生きていけば、一生の間に自分ばかりでなく、他の人をも幸運に導いていくことができる、ということです。

あなたは独断的か協調的か、どちらの道を歩みたいのでしょうか。たぶん今の自分で結構これでよいのだとお思いでしょう。でも、周りの人や家族は違う考えを持っているかも知れません。

善き〝虚宿〟のお手本

虚宿の典型的な良い面を見せてくださったのか、合気道「氣の研究会」の宗主・藤平光一先生です。

先生の「氣」は中国気功の気とか、宗教には何の関係もありません。

私は幸運にも先生にお会いして直接、氣圧療法学院で二年間ご指導を受けることができたのです。

先生は、その頃八十歳になられていました。中肉中背のがっしりとした体格の方で、魅力的な、キリッとした端正なお顔に、眼光がひときわ活き活きと輝いています。みんなを見るときは可愛い子供たちを見るように楽しそうでした。

この方が、合気道十段を極められました。さらに中村天風先生の一番弟子だった方です。八人もの大男たちを一遍に投げ飛ばしたり、王貞治選手や元横綱千代の富士関など多くの方を、心身両面にわたってご指導なさっていらしたのです。

栃木県の道場や、学院、氣の博物館などは、先生の生家を中心に点在していました。私たちが練習するところは、二百畳位の畳敷きの大きなお部屋で、閑静なお庭に囲まれていました。お正月の元旦に〝みそぎ〟（水にみんなが入る行）のために大きなお池までついていました。

藤平先生の考え方は、心身統一――心と身体が統一された状態を作ることで人間の生命が高まり、天地と一つになっていれば、病気も怪我も治るというものです。さらに天地の氣は人間の問いかけにも答えてくれます。「これは良いでしょうか、悪いでしょうか？」と天に聞けば、答はすぐに返ってくると、常々おっしゃられていました。

ある日、藤平先生は椅子に座られたまま、「さあ、僕をどこからでも押して倒してごらん」とおっしゃいました。レスリングの経験のある若い人が、それはもう真剣になって先生を押し倒そうとしましたが、先生はびくともしないで、笑いながら「何だ、何だ、これを見ろ」などといいながら足をぶらぶらさせて見せ、ニコニコしています。彼がどんなにがんばってもダメで、みんなは吹き出してしまいました。

その後、若い人は「あれにはまいったなあ、先生は岩みたいに一ミリも動かなかった」といいながら、藤平先生にもっと親しみを感じたようです。

実は一回目の実習から、人にひょいと押されても平然と立っていられるようなことを教えてくださるのです。氣の置き方一つで介護をする方もされる方もとても楽になるのです。

この会の不思議さは、先生の奥さま、息子さん、お弟子さんを含めて、全員が心から親切さにあふれていることです。そして礼儀正しくて、私も学ばせていただくところがずいぶんありました。

藤平先生は慶応大学の時、柔道部で身体を悪くされました。その時、病の心配ばかりしているよりは、死んでもよいから何でもやってみようと決心されて、こともあろうに「一九会《いちくかい》」という豪傑の集まりの会に必死で入門されたのです。坐禅や禊《みそぎ》のご修行の結果、あれほどひどかった肋膜炎が治ってしまったのです。

後に中村天風先生に師事して、天風先生のまな弟子になられました。お二人の大先生を師とされながらも、独自の合気道、呼吸法、氣圧法を編み出して、「氣の研究会」を創立されたのです。ここまで自分の考え方と研究を貫き通すのは虚宿以外の方には不可能でしょう。そこが他の二十六宿には全くできがたいところなのです。

先生のお話は、本当にご自分が経験で得られた貴重なことばかりでした。みんなは一言も聞き漏らさないように真剣になっていました。ご自分の腕を差し出されて、一人ひとりの学習者が「氣」を出すことができているかどうかも感じ取ってくださるのでした。

藤平先生の〝弾《たま》に当たらない部隊長〟のお話は何回お聞きしても面白く味があります。

日中戦争の時のことなのですが、先生が部隊を率いて行軍をしているときや、眠るときまで弾丸が飛んでくるようになりました。恐怖の中で思うことは、友人たちが女の子とダンスを楽しんでいた頃、自分は丸坊主になって激しいご修行をしたけれど、あれはいったい何だったのかということでした。もし、私がこれからするべきことがあるのなら、もし「天地」に心があるのなら、私はここで死ぬわけがない、天地が私を殺すのならそれもよし、と自分の運命を「天地」に任せてしまったのです。そう思ったら弾丸の飛んでくる中でも平気で眠れるようになってしまったのです。全身がリラックスして、敵襲が全然苦労ではなくなってしまいました。どういうわけか弾丸がよけて通るように全然当たりません。相当な戦闘をしても先生の部隊だけは一人も怪我人が出ないのです。しまいには「弾丸に当たりたくない奴は俺の後ろを歩け」などと言ったそうです。

それで先生は「天地には間違いなく〝心〟がある。戦地から帰ってしなければならない仕事が自分には用意されているのだ」と悟ったのでした。天地の理に合うことをやっている限り、仕事も修行もスムーズに流れていくというのが先生の確信されたことでした。

それは「天地の氣は大宇宙そのものを指す」と言うことなのです。先生は自分を頼ってくる全ての人びとの幸福を願ってやまない努力をされた方なのだと思います。虚宿の人が人を導いたときの成功例です。

一方、宗教団体には虚宿の会長や教祖がたくさんいらっしゃいます。そんな場合、虚宿の会長が、一部の信者さんたちに持ち上げられると、自分が特別な人間であるかのように錯覚しはじめます。そしてともすると虚宿の持つ特有の自信過剰と独断の本性が出てくるものです。

そうなると、本来会員の方がたが幸せを感じて安心できるよう救いの手を差しのべるべきところを、それは一切せず、やがて普通の信者さんに理解できないような自分で考え出した〝教義〟なるものを絶対無上のものとして押しつけてきます。経典についても、自分の考えに少しでも異論を唱える人たちを、どんどん追いやってしまいます。やがてこのような会は、雰囲気がとげとげしく淋しいものとなり、信者さんも減っていきます。

少なくとも、会長自身がなんとかして信者さんを幸福にしようという強い願いが感じられるようにしたいものです。

虚宿の人にもこのように、明と暗のパターンがあり、虚宿だけにその影響は大きいのです。

娘さんの結婚を妨げているものは?

「もう一日も待てません、早く先生にお目にかかりたいのですが……」

という大急ぎの電話が、ある日中年の女性からかかりました。

お逢いして席に着くなり、彼女は娘の縁談の話を切り出しました。

「娘には縁談がたくさんあるのですが、なかなか結婚しないのですよ、どうしてでしょうか。あのウ、娘の写真なんですが……」

と、私の目の前に出された娘さんの写真を見ますと、庭の中で自転車に寄りかかった、とても可愛い魅力的な女性が目に入りました。いかにも角宿らしく人づきあいも良さそうです。

母親は虚宿〈命〉で娘さんは角宿〈胎〉です。この間柄では、お母さまは娘さんが可愛くてたまらず、なぜ娘さんが興味を示してくれないのか心配でたまらないはずです。

「そうですね、結婚運は元々ある方ですし、今年も結婚の時期がまわっていますから、結婚できるはずですよ」

「アラ、そうですか。娘は少しもあわてないんですよ。あのゥ、先生はいろいろな方をご存じでしょう。良いお話しがおありでしたらお願いします」

といって娘さんの写真を二枚、私の前においたままです。

あれこれと聞いていきますと、ご主人は昴宿なのに対して、彼女が虚宿。〈友・衰〉の仲ですから問題はありませんし、ご主人はとても優しい人で、娘さん（角宿）とも〈友・衰〉の仲です。

「あまり、お宅が楽しいので他の家に行きたくないのではありませんか」などといいながら、初めからちょっと気になっていたことを聞いてみようと思いました。

元々、虚宿の人は、自分の意見に反対されたくないという意味も含めて、それほど率直に話をされないところがあり、自然とこちらをまともに見ないようなところがあります。この方もことに右目をパチパチさせながら横を見て話すのです。そのうちに何回となくすでに亡くなっているお姑さんの話が出てくるようになりました。しかも、その内容に、〝すごく頭がおかしい、意地悪、変わっている〟などの形容詞がつきます。

そのお姑さんは觜宿〈命〉で、お嫁さんにあたる彼女は虚宿〈胎〉ですから前世からの因縁の間柄です。この間柄が悪い方に出て、一つ家でいっしょに暮らしていたのです。しかも觜宿のお姑さんは、しっかりした自分の意見を持ち、絶対に変えません。そこへ大変な自信家の虚宿のお嫁さんです。二人は性格は勿論、考え方の尺度もまったく相容れません。ですから、何かと大変なことばかりだったはずです。

このことは、私もすぐに理解できました。この方は、実をいうと、まともにお姑さんの顔を見たくなかったので、眼をパチパチしながら、いわゆる眇《すがめ》で人を見る癖がついてしまったのです。

注意深く見ていると、お姑さんの話をする時に、それがひどくなります。

「もしかして、目が悪いのではありませんか？」

「いいえ、全然……」

「分かりました。娘さんの結婚を遠ざけているのは、あなたですよ。あなたがお婆さんの話をあまりひどく言うものだから、娘さんは結婚するのが厭なんですよ、内心、他家に行くのが心配なのでしょう。もうお姑さんはいらっしゃらないのですから、あなたさえそんなお話しをなさらなければよいのでしょう？」

これからが問題解決のポイントなのです。

この場合、娘さんは角宿で、お婆ちゃんは觜宿ですから、娘さんにとってお婆ちゃんは〈胎〉になり、縁が深く、娘さんはお婆ちゃんをご供養しなければなりません。

それはさておき、続けて、

「娘さんは、お婆ちゃんについてのこのようないろいろな話に対して、何とおっしゃっていますか？」

「エエ、こう言うんですよ、――でも、私だってその〝変な人〟と血がつながっているんでしょう――って」

「まさにその通りですよ、だって娘さんにとって本当に血のつながっているお婆ちゃんですものね、もう絶対にお姑さんの話はやめて、ご先祖に娘さんへの良縁をお願いしたらどうでしょうか。仏壇はありますか？」

「仏壇はありますが、あれって、ただの〝箱〟じゃありません？　私はそれより、ベランダに出てお天道さまに拝んだ方がズーッとよいと思います」

「それも良いでしょうけれどお宅の先祖代々のお仏壇があるのでしょう。実はそのお姑さんが入っていらっしゃるから厭なんでしょう」

「エエ、そうです」

「でも、ご先祖って、その方ばかりじゃないでしょう。さっきからのお話しですと、あなたにとても尽くしてくれるご主人を生んでくれた方ですよ、それに可愛い娘さんも授けられたというご縁もあるし、あなたはこのお家のたくさんのご先祖さまを拝むのはおできになるでしょう？　今まで考えていたことは間違っていた、ありがたいと思いなおして、まず謝罪と感謝をして欲しいですね。あなたとしては、まず仏壇を綺麗にして、娘さんのお願いより先に、二十一日間、今までのお参りしなかったお詫びと、良い家族を授かったお礼を述べて、その後で娘さんのご縁のお願いをしてください」

彼女はちょっと厭そうな顔をしていましたが、私が顔をのぞきこんで、

「いいですか、二十一日間、お詫びと感謝をしてから、お願いに移らないと効果はありませんよ」

というと、「ジャ、してみます」と勇気を奮い起こすように言い切りました。私はその時、もしかしたら、本当に言うとおりにするかも知れない、と感じました。

虚宿を説得するにはとても難しい技がいります。しかも、虚宿は、神・仏・先祖・霊界とは縁が深いのです。謙虚に、しかも正当な礼儀を持って信じて行えば、非常に良い結果が得られるはずです。

しかも、亡くなったご両親のような、一番身近なご先祖さまに対して見て見ない振りをしなが

ら、何でもうまくいくように思うのは全くの思い違いです。

それは、虚宿の人の思い上がりや、自信過剰に由来するものです。それが改まらない限り、人生の運の流れは、良い方に変わらないでしょう。まして、虚宿は霊界とのつながりの深い宿ですから、觜宿のお姑さんも、このままだと許してくれるはずがありません。

謙虚になって欲しいと思います。

これには後日談があります。虚宿の彼女が、三ヶ月ほどたって、私の事務所に、ニコニコ顔で現われ、いい縁談があって娘も乗り気なので写真を返して欲しいというのです。仕事中だったので、彼女とは立ち話だけだったのですが、今度、《宿曜占法》を習いに来ますといいながら嬉しそうに帰っていきました。たぶん、熱心にご先祖さまのご供養をなさったのでしょう。

危《き》宿《すく》

怒りは不運を呼ぶのでやめましょう

危宿の人にとって、何より大切なのは、生涯を通じて、決して怒らないことです。

あのダイアナ妃の悲劇も、もとはといえば、彼女が夫のチャールズ皇太子に怒りを爆発させたことから始まりました。

危宿の人が、怒ったり、態度が横柄になったり、人づきあいを悪くしたりすると、その時が仕事の落ち目の始まりとなります。とくに危宿が怒り出すと、幸運は足早に逃げ去ります。

つぎに大切なことは、頭の回転が速く、対応が敏捷《びんしょう》で、しかも、遊び心に恵まれていて、人づきあいがよく、そのつきあいの中から仕事を見つけて発展させていくという、危宿本来の資質を充分に活かすことです。

なんといっても、二十七宿の中の遊びの三大宿星、危・角・壁の一宿ですから、遊びや風流の心に秀でていて、遊ぶのも、飲むのも、食べるのも大好きなのがこの宿です。おおらかな開けっぴろげな交際が好きで、男・女とも感じがよく、打てば響くような感性をそなえています。

派手な生活を好み、より高尚なもの、上品なものを求めてやまないところもあります。

それだけに、遊びを基盤に商売をすると、一生懸命にもうけて、派手な一生を送ります。

ただ、深酒の人は胃腸を壊しやすいので、気を付けなければなりません。

女性も遊び好きで、美しい人が多いのですが、〝美人薄命〟にならないよう、経済的な基盤があり、精神的にもしっかりしている男性と結ばれたいものです。

占い師の方でしたら、危宿さんが、質問者として来られた場合、いまどのように暮らしていて、何を考えているのかを、よく聞いてみましょう。この宿の人は、きっと自分からいろいろとおしゃべりをするはずです。明るく何でも話してくれるでしょう。

ダイアナ妃の悲劇

みなさまのご存じの、ダイアナ妃の悲劇のお話をしましょう。

あの悲劇は、すべてダイアナ妃の怒りが発火点となって起こったものです。危宿は怒ると激しい行動に出ます。そして奈落の底に落ちていくのです。幸運を一挙に逃がしてしまうのはいかにも惜しいことです。〝柔和忍辱《にゅうわにんにく》の心〟が強く求められるのは、このような結末が待っているからです。

なぜダイアナ妃の〝怒り〟が幸運を逃したのでしょうか。

ダイアナ妃（危宿・一九六一年七月一日生まれ）は、チャールズ皇太子（畢宿・一九四八年十一月十四日生まれ）と結婚されました。華やかで美しく、二人の皇子を得られ、一方、世界のさまざまな国を訪れて、援助の手を細やかにさしのべられました。

華麗なボーイフレンドたちも話題にのぼります。交際範囲が広く、高級な趣味や装飾を好むという、いかにも危宿の女性らしい振舞いです。

一方、チャールズ皇太子は畢宿で、〝強い〟といわれる宿星です。もちろん、強いという表現の中にも、宿星によってニュアンスの違いがありますが、畢宿の場合は、字の形からして、田んぼを持ち上げる人とよばれるほど、体力も精神力もずば抜けていて、打たれても叩かれても平気です。あたりを威圧し、歩くときも堂々としたところがあります。『宿曜経』に「……行歩するに牛王の如く容儀有る……」という一節をみることができます（『宿曜占法―密教占星術―』「畢宿」の項参照）。

このように、王様にはぴったりの宿なのですが、他の人の迷惑などなんのその、周りのことなど考えても見ない、といった資質があるので、そこが問題なのです。ですから、チャールズ皇太子の強さからいって、国民からなんと思われようと、たぶん……ダイアナ妃からもなんといわれようと、あまり心を動かされなかったのかもしれません。

お二人の間柄を見ますと、危宿のダイアナ妃の〈衰〉に対して、畢宿の皇太子は〈友〉で、

〈友・衰〉の仲です。ですから、夫婦や恋人同士としては良く、普通なら円満に暮らせるお二人のはずだったのです。

一方、皇太子には、結婚前からつきあっていたカミラ夫人（井宿・一九四七年七月十七日生まれ）がいました。

井宿の人は〝話し〟の名手で、論理も分析もきわめて明晰《めいせき》です。その上、親身な気持ちがあるので、母親的な、なんでも許す優しさを持っていたのでしょう。

チャールズ皇太子（畢宿）とカミラ夫人（井宿）の間柄をみると、二人は〈安・壊〉の関係にあります。その仲はダイアナ妃と結婚する前から存在していて、しかも近い縁の仲なので、はじめは、急速に惹《ひ》かれあったことでしょう。

安・壊の間柄は、親しくなるのが早く、あれこれ問題が起きても別れられず、五・六年過ぎるといわゆる腐れ縁となりやすいのです。

そして、お互いの何かを破壊しながら生きていくことになります。一方的に相手の財や名誉をだめにすることも、相手の心情を壊すこともあります。

占法盤で安・壊を見て、「自分からみると〝安〟とあるから安心だ」などと悠長なことをいってはいられません。こちらが安心しているのに向こうから見れば、〝こわし〟にかかるのですから大変です。この安心はいつまで続くのかわからず、いつ逆転するかもわかりません。はじめは、自分の方が一方的に相手を困らせていたのに、いつ自分が困る番になるのかわからない、という間柄なのです。

皇太子とカミラ夫人の場合、最初、皇太子（畢宿）は、夫人（井宿）と安心してつきあってこられたのかもしれませんが、結局は名誉と家庭を破壊されることになってしまったわけです。

これが、本当の〈安・壊〉の間柄というものです。

このことは、仲が良いのと、本当に運が良いのとは、同じではないことを教えてくれます。ですから、運は自らが創り出すものだということを自覚して、ある時期に正しい方向に決断を下さないと、自分だけでなく、周りの人びとをも傷つけることになります。

カミラ夫人は〝宿徳の星〟といって、官厄を逃れるというツキがあります。とうとうチャールズ皇太子と結婚することができました。


ダイアナ妃に話をもどしますと、怒りを秘めたダイアナ妃（危宿）は、最後のボーイフレンド、ドディ・アルファイド氏（亢宿・一九五五年四月十五日生まれ）に会います。亢宿も、いったんこうと決めたら引くことのない強い宿星です。

二人の関係を見ると、危宿と亢宿は、〈命・業・胎〉の間柄で、ダイアナ妃が〈命〉で、ドディ氏が〈胎〉です。この場合、占法盤を時計回りの順に見て、危宿〈命〉であるダイアナ妃が、亢宿〈胎〉のドディ氏に尽くすことになります。

〈命・業・胎〉の間柄とは、前世からの因縁をいいます。前世で良い仲間、善に向かって良いことをした、いわゆる良い因縁の間柄だったら前世でも良い縁となります。しかし前世で良くない仲間だったら、現世で出会った場合もまた、悪い間柄になり、良くないことが起ります。

実際、お二人とも車の事故で亡くなるという、悲惨なことになってしまいました。

この悲劇は、ダイアナ妃が怒ってしまった時に始まった、ということができるでしょう。〝怒りは逆徳なり〟です（『宿曜占法Ⅱ――密教の星占い――』「危宿」の項参照）。

この悲劇を《宿曜占法》に則して考えてみますと、各宿の人びとの運命が進行する道筋がよく見えてきます。とくにダイアナ妃の場合、平静を保って、怒らなければ、あのようなことが起らず、やがて一国の王妃であり、二人の皇子の母親としての幸運を満喫できたでしょう。

危宿の人は、たとえ何があっても怒らず、その幸運を逃さないようにしましょう。

遊び心を活かした会社経営者

博多で食品会社を経営している社長さんの話です。古くからの『宿曜占法』の愛読者さんで、ときどき東京にいらしたときには立ち寄られて、いろいろな話をします。

「先生、私は本当に自分は危宿だなぁと、つくづく思いますよ。遊び心を活かして去年開発した商品が売れに売れて、もう大変なんです。今年はもう、二・三件のところから、新しい会社の立ち上げに協力してほしいという話があるんですよ。

それで、今日上京したんですが、先生のご本にあるとおり、お金が入ると次の会社を作ったりして、それを使わないと気がすまない。心配になっちゃうんですよ」

「危宿の人はもうけるのも上手ですが、それを早く使わないと心配になる傾向がありますからね」

この会社の商品には、遊び心を表わす名前が付けられています。〃やさいスープたち〃そして社長の似顔絵付きパンフレットなどなど、なるほど危宿さんの本性がもろに表現されています。

この社長さんには、幸運なことに〈栄・親〉の関係にある角宿の奥さまがいらして、危宿社長さんの最良の補佐役を務めておられます。

お二人は月一回〃遊び心を奨める会〃を開いて、会員と共にみんなで、節分だとか、お月見だとかを楽しんでいらっしゃいます。なにかよいお話を聞こうという会合のおりに、私も『宿曜経』のお話をさせていただきました。そのおり、湯布院の温泉とか、友人のお家のごちそう攻めにあうとか、楽しい遊び心を満喫させていただいたのでした。

このように、遊び心を仕事に採り入れて、それを最大限に活かすのが危宿さんの姿です。

敏腕家の弁護士さん

危宿の人に特有な頭の回転の速さと、対応の敏捷さをフルに活かして、とても成功した弁護士に原秀男さんがいらっしゃいます。

法務省に数分というビルにオフィスを構えて、かずかずの難事件を解決されました。

ゆったりとしているようで、はっきりとものをいうチャンスを逃さないとか、頭の回転が速くて、てきぱきと物事を進めるとか、危宿の感じのよくでている方でした。それでつきあう人びとからの信頼も厚く、知人から仕事が次々と入ってきます。特技は裁判になる前に、さっさとご自分で両者に折り合いをつけさせてしまうことでした。

この危宿の原弁護士のご著書の中に『人生相談おんなおたすけ本―がんばれ悩める乙女たち』（一九八二年九月、自由国民社刊）というのがあり、それは女性を守る法律的な権利を面白く書いたものでしたが、装丁《そうてい》や挿絵《さしえ》に遊び心があって、いかにも危宿の人らしさを感じさせるものでした。

仏教界でのお仕事が多い上、浅草の観音さまの大変な信者さんでした。

ある日、私に「手術のときに拝んでくれてありがとう。これは比叡山の天台ご座主に頂いたものだけれど、僕には、猫に小判だから貴女にあげよう」と、机の上にある桐の箱を下さいました。蓋を開けると、紫のたとうの中に入っていたのは『真読《しんどく》・妙法蓮華経』全二十八品でした。

後年、その頂いたお経巻全品にルビを振ったものを、『宿曜と法華経』に納めて大蔵出版から出していただきました。『法華経』はどこにもありますが、座主のお使いになっていたお経典は、とても善いオーラを放っていると確信したからです。

やっと危宿に戻った編集長さん

遊びと仕事を一致させるとよいという、危宿本来の生き方を、試行錯誤の末にやっと見つけだした、元雑誌編集長さんのことをお話しします。

ある時その方は、とてもはっきりした態度でこういいました。

「先生に《宿曜占法》について書いていただければとお願いにまいりました。ところで、私は危宿と出ていますが、全然当たっていませんよ」

「そうですか」

「だって、私は遊び好きでもないし、お金がたくさん入っても心配になったりしませんよ」

「それでは財産がおありなのですか、それとも困るほどのお給料を頂くのですか？」

「いやァー、そんなにくれる訳ありませんよ、年中文無しです。競馬をするくらいですよ」

「それでは、危宿そのものでしょう。競馬って、お勤めのかたわら趣味としてなさるわけでしょう。それにお金を費やすなんて、やはり危宿だと思いますよ」

「いや、違います。真剣なんですから」

――もう、お手上げです。

お金がたくさん入ると心配になるというのは、企業などが大幅に収益を上げたとき、そこのオーナー社長さんが収益をそのまま寝かせておくのが心配になって、使わずにはいられなくなり、事業の拡大を図ることをいいます。その時期が良ければ発展するし、悪い時期なら駄目になるのが早い、ということです。

この方は、危宿としての自分の特別な資質と自分を取り巻く状況が、まったく分かっていないのです。だから仕事に遊び心を持ち込めず、競馬だけに没頭してお金を失っていたのです。

ところが、その後この危宿さんは雑誌社を辞めて、生涯のお仕事ともいうべき〝節談説教師《ふしだんせっきょうし》〟になられました。節談説教は講談の原点ともいわれ、仏さまのお教えを普通の人に分かり易くお話しするものですが、この方の説教を聞いていると、遊び心が随所に散りばめられていて、思わず吸いこまれてしまいます。

説教師として認められるのには、大変なご修行をしなければなりませんが、今は楽しく生き甲斐のある毎日を過ごしていらっしゃるようです。

編集長を辞めてから出版されたこの方の著書も読ませていただきましたが、風流で自由な遊び心にあふれたものが多く、やっぱり危宿さんそのものだなぁと思います。

室《しつ》宿《すく》

多くの人に富をもたらしましょう

室宿の人は、男女とも、大きい事業を成し遂げる才能を持っています。同時に、多くの人を結集してみんなにも富をもたらす人なのです。商売上手で、この上なしの事業運がついています。ですから、全て円満に人と争わないことが開運の方法です。

頭も良く、働き者です。美術品に目が肥えていて、何についても一流品、有名人が好きです。

男の人は、派手で豪放磊落《ごうほうらいらく》です。人前でも平気で上を向いて大声で笑ったり、物を食べながら話したりします。そして女性好きです。人と争っても自分が悪いなどとは少しも考えません。

客あしらいが上手で、結構好き勝手なことを言いながら、自分の仕事や事業を大いに発展させます。そして相手にも得をさせます。お金の使い方が上手なのです。

どこにでも出かけてゆく積極性があり、旅をいといません。旅は室宿にとって幸運をもたらします。

女性は品が良く、テキパキと事を運んでどんな難題にあっても恐れることがありません。ただ、いつも忙しそうに見えるので、周りの人も一生懸命に働かざるを得なくなってしまうのです。

ところがこのような人でも、全く相容れない人がたまにいるものです。

室宿女将の心意気

私はある人を介して、有名な割烹旅館の女将《おかみ》（室宿）と会うことになりました。私はかなり前にその旅館に宿泊したことがありました。

女将はそのことを全然知らないのですが、当時と同じような黒っぽくて目立たない、上品な服を着ていました。この凛《りん》とした感じの、年の頃七十五歳位の女性を見たとき、アッ、やっぱり、あのとき華やかな玄関の脇に目立たないように、ひっそりと立っていたのが、今私の目の前にいる女将だったのだとすぐに分かりました。

彼女は、室宿らしく、要件を手早くきちんとまとめて、はっきりとした口調で話す人なので、私も楽に聞くことができました。この室宿さんの〝いのち〟とも言うべきものは、若いときから板前さんをされていたご主人と一緒に、たいへん美味しいお料理のお店を発展させて、割烹旅館を築き上げ繁盛させたことです。手塩にかけて育てたご自分の子供のように可愛いのです。しかし、今は旅館から遠く離れた東京にお住まいなので、往復だけでも大変です。しかも、ご主人が引退された後、十年以上もお一人でこの大きな〝お城〟を切り盛りされてこられたのです。さすがに室宿の人だなぁと思わずにはいられません。

私は、このキリッとした感じの女性にすぐ好感を抱きました。ご主人は参宿で、妻である室宿のこの女将がしっかりと〈栄・親〉の間柄を保ってこられたのです。もう、ご自分もお年なので「この割烹旅館をこのままの名称で、変わりなく保っていってくれる、財力と能力のある人を探しているのですが、どうしたものでしょうか?」というのがご相談の内容でした。

すでに、何名かの候補者が名乗りを上げていましたが、財が伴わないとか、能力の問題があるとか、本気で名乗りを上げたのかどうかも疑わしいというような人びとばかりで、私の占いでは適当な人物が出てこないまま数ヶ月が過ぎました。その間に種々の占法も使いましたが、何か架空のものを占っている、としか思えてならなかったのです。そこで私は意を決して女将に言ったのです。

「良い方向に出向いて一泊した上で、もう一度考え直された方が良いのではないでしょうか」

と、その時〝『法華経』を読まれなくても結構ですから持参してください〟ともお勧めしました。

積極的な室宿さんのことですから、喜んで賛成してすぐ実行されました。帰ってこられてからお会いしたところ、驚いたことに彼女の目の輝きが全然違っています。元気そのものの口調で、

「私、まだ続けてやってみます。泊まっていた時に、そのように聞こえたのです。私以外に、

たぶんこの事業はやっていけません」

と言い切られたのです。

このように室宿の人は、事業が〃いのち〃なのです。どう占ってもはっきりした答がでない時は、その人の気持が本当にそのことを占ってもらいたい、と思っていなかったからなのでしょう。

この後が彼女にとって、いかに大変な時期だったかがうかがわれます。全館模様替えをした上に従業員を入れ替え、そして、現場はご縁戚の血のつながった方に後を継がせることになさいました。女将（室宿）とご主人（参宿）とは〈栄・親〉の間柄であることは先ほど述べましたが、ご夫妻とご縁戚の方（房宿）との三人は〈栄・親〉の間柄でまとまっています。私も大賛成で、全てがうまくいき、この有名旅館の経営は軌道に乗って繁栄しています。

ところが、このように事業が〃いのち〃で、人扱いの上手な室宿さんですが、たまにはどうしても相容れない宿もあるのです。

何年かたったある日、室宿さんから電話がありました。春を過ぎた頃から、顔に黒いブツブツができ始めたというのです。さる有名な皮膚科に行ったところ、病名は判ったもののいつ治るのかは分からないとのこと。

私が見に行きましたところ、取り立てて言うほどのものはできていないようなのですが、占うと、すぐには治らない、と出たのです。肝臓の方が気になりますので、その話をすると、

「アッ！　そうかも知れません。二月に腸を壊して二ヶ月も抗生物質を飲みましたから」

とおっしゃいます。

でも、私には今ひとつ納得がいきません。治りにくいのは何故でしょうか、病気になったり、皮膚に何か現われたら、それは休養が必要だというお知らせには違いありませんが、まだ何か原因があるのではないか……と考えているうちに、これはきっと〝ストレス〟ではないかと感じました。

今度は女将がおっしゃいました。

「先生、私の好きな、あのトランプさせてくださいませんか」

「エエ、もちろんいいですよ、タロットのことですね」

と答えて、ご自分で選ばれたタロットカードを引いてもらいました。

タロットカードの絵は視覚に訴えるので誰にでも分かり易くて、私は時どき応用することがあります。女王と他の女性カードが逆位置で障害となって出てきました。

「女の方が原因ですよ」

というと、室宿さんが、私の耳に小さな声でささやきました。

「実は、以前先生がこの事業に入れるのを反対していらした女性を、この頃になって入れてしまいましたの。そうしたら、嫁と姑の関係みたいになってしまったのですよ」

と、そこで私は、

「そうなってしまったのなら、あなたはその人に任せて、ごゆっくりなさいませよ。嫌ならあくまでもその人をはずすことです」

と答えました。室宿の女将さんと新しく女将の役割をしているこの女性（畢宿）は〈安・壊〉の間柄です。しかし、どちらか一方が身を引いて、お互いに関わらなくなれば、〈安・壊〉の間柄も事実上消えてなくなってしまうのです。

たとえ、〈安・壊〉の間柄でも仲の良い時期があったので、つい許して女将の役割をさせてしまったのです。目の行き届く室宿さんが勝手に入り込ませることはなかっただろうと思うのです。お任せしておいて、ご自分は楽にした方が、お顔も早く治るでしょう。

今年、また電話がありました。今度はお正月過ぎに足腰に障害が出て動けない、奇病になったのではないかとおっしゃいます。私は、

「奇病ではなく、お疲れが出たのだと思います。働き過ぎなのですよ」

「先生、私死ぬとか……っていうことは出ていませんでしょうか」

「いいえ、絶対にそれはありませんよ、大丈夫です。だんだんに歩けるでしょうし、声も一ケ月前と全然違います。占いには、誓って亡くなるなんていうことは出ていません。八十三歳におなりでしょう。何か一つ具合が悪くなると、治りがとても遅いのですよ。私は原因は

あなたが働きすぎたのだと思います」

本当にそう思ったから、お答はこのようになりました。

それからというもの、一週間ごとにいただく電話の声に張りが出てきました。

「今度こそ働かないでくださいね」

「エエ、今度こそそう思い知らされました。実は、私、去年の十二月はめちゃくちゃに働いてしまったんです」

「やはりそうだったんですか……」

と、さすがの私もあきれてしまいました。

ある八十歳過ぎの参宿の男性易者の方に〝いつまでも働きたい人間〟についてのご意見を伺ったところ、「〝働く〟ということが、その人にとっての原動力となっているので、〝働くな〟と言ってしまうのもいけないし、そう言うとすぐガックリくるよ、でも本当は年を取っての働き過ぎは命取りなんだよね、何とか、年に合わせて暮らせないものかなぁ」と、つくづくと天を仰ぐようにおっしゃいました。私もこの尊敬する大先生のご意見に同感です。

しかし、室宿の生き甲斐は〝働く〟ということにありそうです。

「私は春からは働かないようにしたいと思いますの」

「アラ、良いことですね」

「エエ、一週間に一度だけ、あちら（旅館のこと）に参ることにしたいと思います」

エッ、まだ〝働く〟の。声には出しませんでしたが、室宿女将の心意気は一向に衰えるようすがありません。

室宿総理の業績と教訓

ここで気分を一転して、政界の室宿総理・田中角栄氏（大正七年五月四日生まれ）の壮大な事業欲の話に移りましょう。

氏はまさに室宿の典型のような人で、あのダミ声で、豪快に「ヨッシャ」と言っては地元の人びとの陳情を快諾し、それを実現させていきました。上越新幹線もその一つだとされています。

ここでは、この室宿総理が総理在任中に手がけた、二つの巨大な事業について触れたいと思います。一つは、大成功を収めた日中国交回復問題で、今一つは、あまりにやりすぎて遂に自らが追い落とされる羽目になった、インドネシア石油開発の話です。

まず中国との国交正常化を成し遂げた時、田中総理が、何故、どのように決断したのかを、当時の世界政治・経済情勢を見ながら考えてみましょう。

第二次大戦後、世界は自由陣営と共産陣営に分れて、長らく対立していました。いわゆる「冷戦」の時代です。ところが、一九五〇年代末、中国が核兵器の開発を始めたことから、同じ共産主義国であるソ連が、厳しく中国批判を始めます。そして一九七〇年代初葉には、とうとう大規模な兵力を中ソ国境に集結し、中国に核攻撃をしたいと、本気でアメリカの意向を打診するまでになります。

これに対してアメリカは、すでに「万年食糧不足国」となっていたソ連と長期の小麦輸出協定などを結んで、密かに「冷戦」を終結させ「平和共存」の時代に入っていました。この時期、アメリカは平和に向かって方向転換したのです。当然、極東アジアで中ソが核を含む紛争にまで対立をエスカレートするのを座視するわけにはいきません。そこでアメリカのニクソン大統領（室宿・一九一三年一月九日生まれ）は、極秘裏にキッシンジャー国務長官（外務大臣、亢宿・一九二三年五月二十七日生まれ）を中国に送って事態の真相を伝えさせ、米中関係の正常化に踏み出します。

情報戦に強いヨーロッパの大企業は、この動きをさっそく察知して、巨大な中国市場への進出を、すでに準備し始めていました。

一方、日本国内はと見ますと、まだ「冷戦」の真っ最中の感じです。自民党では、戦犯であった岸信介元総理（壁宿・明治二十九年十一月十三日生まれ）の流れをくむ福田赳夫氏（畢宿・明治三十八年一月十四日生まれ）や森喜朗氏（角宿・昭和十二年七月十四日生まれ）ら（共に後に総理大臣）、青嵐会の山崎拓氏（心宿・昭和十一年十二月十一日生まれ）や石原慎太郎（氐宿・

昭和七年九月三十日生まれ、後の東京都知事）といった人びとが、反ソ・反中国を標榜して依然気勢を上げています。

他方、野党第一党の社会党（現社民党）では、中ソ対立の影響をモロに受けて、党内が親ソ派と親中国派に真っ二つに分裂して相争い、一九七〇年代の初めには、成田知巳委員長（心宿・大正元年九月十五日生まれ）・石橋政嗣書記長（虚宿・大正十三年十月六日生まれ）らの「親ソ派」が党の主導権を握ります。

こんな状態の中で、室宿総理・田中角栄氏は、盟友の大平正芳外務大臣（婁宿・明治四十三年三月十二日生まれ、後の総理大臣）と組んで千載一遇のチャンスを生かし、戦後三十年近く対立してきた中国との国交正常化を決断したのでした。日本企業の中国市場への進出の道を開いて、欧米の大企業との競争に備えようとしたわけです。

もちろん、いまだに「冷戦」という古い時代の夢から覚めきれない自民党右派は、これに対してすさまじい反対運動を展開します。また、社会党で主導権を持っていた「親ソ派」も、白い眼で田中総理の動きを見ているだけでした。

結局、室宿総理の打った一手は、日本企業の急速な中国進出によって日本の対外貿易額を大きく伸ばし、一九七〇年代から八〇年代の日本経済の発展に大きく寄与することになったのでした。そのお陰で大勢の人びとが潤ったことは言うまでもありません。

しかし、室宿総理・田中角栄氏は、ロッキード事件に絡んで、やがて政界の第一戦から退くことになります。それは、インドネシアの油田開発に手を染めようとして、アメリカの巨大石油企業という「虎」の尾を踏んでしまったからだ、とされています。

第二次大戦は、一つには、日本の石油供給が中東の石油にばかり頼っていたために勃発したのだと言われますが、この致命的とも言うべき、中東石油への全面依存は、戦後も変わりませんでした。そして中東から日本への石油輸入は、ほとんどの場合、アメリカの巨大石油企業（メジャー）を介して行なわれています。

これを何とか改めるために、日本自身でインドネシアに眠っている油田を開発し、日本のエネルギー安全保障を確立しようとしたのが、田中氏でした。氏の事業欲は、遂にアメリカの巨大企業さえ向こうに廻すところまで膨らんだのです。

この企ては、二十一世紀中に石油が涸渇すると言われる現状では、当然歴代の総理が正面から取り組んできていなければならない、日本の戦略的課題といえます。そして、最も先鋭的にそれを手がけたのが、この室宿総理・田中角栄氏でした。

これこそ、室宿の人の底知れぬ事業欲のなせる業といえるでしょう。その結果、一億の日本国民が、エネルギー問題で言い知れぬ恩恵にあずかることができ、日本のいろいろな企業もそれに参画して、潤うことになったのです。

室宿総理は、結局「ロッキード事件」を突きつけられて、苦杯をなめることになりましたが、氏の業績は長く歴史に刻まれることになるでしょう。

同時に、田中氏の一生は、室宿の人が自分の事業を進める場合、常に〝円満〟な人との関係に心をくだき、決して「一線」を越えてまで争ってはならないことを教えています。

田中角栄氏は、教員の給料を大幅にレベルアップして、大変な労働を強いられていた教職にある方がたにも、経済的・精神的な安心をもたらしました。これは他の首相の誰もがしてくれなかったことです。

また、よく聞くエピソードは、角栄氏が人情の機微とお金の使い方に精通していたことです。困ったときに角栄氏に相談したところ、家族の命をきわどいところで救ってもらったという話を、いろいろな方から直接に聞いたこともあります。いかにも室宿らしく、自分も他の人も大きく救っています。

壁《へき》宿《すく》

情報集めは壁宿さんにお任せしましょう

壁宿の人をイメージするには、先ず〝壁〟のことを考えてみてください。壁は頑丈にできていて人に寄りかかられようと、叩かれようと、びくともしません。また、〝壁に耳あり……〟とも言いますが、何でも人から聞いたり、見たりすることが好きです。人びとは、壁は聞いていないと思って好きずきにしゃべりますので情報が集まります。しかし、壁宿さん自身は情報を囲ってしまい、特別な人にしかそれをあげようとしないでしょう。

ところで、壁宿さんは、ご両親や兄弟の面倒を見なければいけない立場にあります。それなのに反対にお世話になったり、面倒をかけたりすれば晩年は大変です。ぐずぐずの壁になって見る影もなく、崩れ落ちてしまいます。

そして、壁宿さんは、遊びの三大宿（危・角・壁）の一つに数えられています。しかも、他の二宿と違うのは、人に知られず隠れて遊ぶのが好きだということです。その対象が異性に限らず、映画でもハイキングでも一人の方が楽しめます。しかし、わがままや享楽は自制しましょう。また、物質的な誘惑やおだてに乗らず、誠実に人の世話をしたり神仏への信仰心を深めれば幸運をもたらすはずです。

頭脳明晰で学問を好み、調査が上手で集中力・記憶力共に抜群です。深い洞察力を活かして人へのアドバイスをしたり、政界で活躍するのに向いています。

がらりと一変して娯楽面の商売にも向いています。ただし、どの場合も世間のしきたりや礼儀を大切にする方がよいでしょう。

壁宿さんの悩み

《宿曜占法》を勉強される方を見ていますと、おのおの感じ方が違います。いろいろな面で、今まで考えもしなかったことに気がついてショックを受ける人もいれば、内心深く考え込んでしまうような反応を示す人もいます。

ある日《宿曜占法》の勉強を一応終えた壁宿さんが、相談したいことが二つあるとのことでした。

その一つは、教師をしている自分ではあるけれど、今まで付き合っていた同僚や友人を一人ずつ占法で見ると、どうも自分の方が他の人より考え方に狭量なところがあって、熱しやすく冷めやすい。興味を持つと集中できるのに飽きたとなると見向きもしない。不正を追及する、良く言えば正義感が強いので、どんな人に対しても厳しく言ってしまう、周りの状況把握が下手なのではないかとも思うとのことです。

そして、
二十七宿の友人・知人のことを占法で調べているうちに、――私の人を見る見方が歪んでいるのではないか、ある人には批判的であったり、あるいは好意的であったりというように、色眼鏡をかけているのではないか。度量を広くと思っても、この性分はなかなか良くならないのではないか、と思い始めたのです――

と、こう言うのです。

彼女は《宿曜占法》を学ぶことによって、自分の周りの人びとを見直し、自分自身についてもその本性や特徴を自覚し始めたのです。

このように、各宿それぞれ、人間関係や自分自身についての悩みをいつも抱えているものです。でも、だからといって引っ込み思案にばかりなったり、都合の悪いことが起こると黙り込んでしまったりしていると、運も良くならないし、堂々めぐりのように同じ問題に突き当たるのです。

私のアドバイスはこうです。

授かった自分の宿の資質を活かすには、今直面している事柄から逃げないで、たとえ苦《にが》くても噛んで飲み込んで消化させてしまうことです。そうすれば、結局は良い結果を得られます。このように物事に真っ正面からぶつかり、自分を出し切ることによって、かえって自分のマイナス面を克服していくことができるのです。そのために『宿曜経』には、人それぞれの資質や能力だけでなく、他の人への対応の仕方や授かった自分へのご使命まで書いてあるのです。

元来、壁宿さんは、寄りかかってきた人の支えになってあげなければならないのです。そうすれば自分の気持ちがもっとしっかりして自信がつき、仕事もできるようになって、相当な地位や幸運を望めるようになるのです。

こうして〝松・竹・梅〟の松を目指すことで、彼女は納得しました。

彼女の第二の悩みは、実家の問題です。ご両親の最期を見送って、彼女が引き受けて面倒な整理を全部無事に終わらせたと思ったら、生家に一人残った独身のお兄さまが外国に行ってしばらく遊んでくるなどと言い出したのです。それに、もしお兄さまが外遊しないとしても、家で独りで住んでいることになるので心配だ、どうしたらよいのか分からないというのです。

「先生、私は実家の面倒を見たくないんです。もう、大変なんですよ。働いているところから遠いし、田舎ですから草はぼうぼうに生えてしまうし」

「実家にはご仏壇がありますね、たぶんお兄さまは何もなさらないでしょう。壁宿のあなたと参宿のお兄さんとは〈友・衰〉の間柄で仲良くできますが、参宿の人は神仏のご供養はあまりしないようです。自分が〝何か〟を頼りにしているように思えて、格好悪いと内心思うのですよ。でも、ご両親には充分恩を感じているので気持ちはあるけれど、それを表わしたくないのです。お仕事を持っているので大変ですが、壁宿の人は神仏を供養する人だと『宿曜経』には書いてあります。心からそうしたいと思ったら、ご仏壇のお世話はあなたがすると良いことがあると思いますよ」

「ハイ、私がします。本当はちょっといやだったんですけれど、今日で決心が付きました。私がします。有り難うございました。教えていただいて」

私が思うに、この壁宿さんは、私に相談する以前から、実家とお兄さまの世話とご先祖さまのご供養は、自分がしなくてはならないだろうと、内心決めていらっしゃったのだと思います。しかし、さらなる後押しがして欲しかったのです。

それに壁宿さんはとても勉強家でしかも熱心ですし、知りたがり屋さんで面白いのです。例えば、この本が良いから読んでみたら……と勧めると、その著者のことなら何でも、そして顔まで見たがり、本に写真が付いていないかどうか探しています。写真があったら、今度は会いに行きたくなるでしょう。

そういえば、ある日突然私の事務所に彼女が現われて勉強することになったのが、私たちの出会いのきっかけでした。いつもほとんど居ないのにその日はどういう訳か、ちょっと用があったときに偶然うまく出会えたのです。それがご縁というものでしょう。壁宿さんは鬼宿の私から見ると〈胎〉になるのです。

彼女には言いませんでしたが、ご先祖さまのご供養をしていると良いことがあるので、壁宿さんが将来の夫に会える機会を授けていただけるのではないかと、密かに期待しているのです。

流行っている占い師さん

デパートやビルの一角で、三、四人の占い師さんが並んでお客さまのご相談を受けているのをお見かけのことと思います。そのような中に、六十代の占い師さんがいました。

その方の前にはいつもお客さまが座っていて、時には立って待っていらっしゃる方もいます。とても流行っているのです。他の占い師さんから羨ましがられ、あんなに毎日出ているのは良くない、後輩に席を譲るべきだと考える人もいます。でも譲っても、次の人の前にお客さまは座らないかも知れませんし、毎日出ているからこそ安心してみてもらいに来る、ということも言えます。

もう、六十歳代のこの方は、でっぷりとした貫禄充分な女性で、たとえどのようなことを相談しても親身になって受け止めてくれそうな雰囲気を持っています。事実彼女はその通りで感も良く、世間のことは何でもご存知ですから若い人たちにも人気があります。

実は彼女に占いの席に毎日座らなければならない深い理由があったのです。どんなに身体が疲れていても仕事をしなければならなかったのです。それは、夫の壁宿さんに理由がありました。私がその訳を知ったのは、あるところで彼女を紹介され、同じ鬼宿同士だというので、自然に打ち解けて話せるようになったからです。訳は次のようなことでした。

この占い師さん（鬼宿）の夫は壁宿で、遊びの三大宿の一つです。この方は、遊び好き、隠し事好き、政治のことは夢中になるほど熱心という、壁宿の裏・表の面をたっぷり持った方だったのです。そして、この方は幸か不幸かご自分に尽くしてくれる〈業〉の妻、しかも働き星の一つに数えられる人と巡り会っていたのです。例によって、時計回りに見ますと、壁宿さんの〈命〉に対して鬼宿は〈業〉に当たります。鬼宿さんが、壁宿さんに尽くすことになります。〝忍耐強いのも、人が良いのも、いい加減にしてよ〟と言ってあげたいような鬼宿さんですから、この壁宿さんのために一生稼がなければならない羽目になってしまったのです。鬼宿は、親戚や婚家・実家の身内の世話を背負う人、と《宿曜占法》には書いてあります。

結婚する前は、ずいぶん知識欲旺盛な人だと思って尊敬していたそうです。ところが、子供が二人生まれてお金の入り用も多くなってきたのに、これまで通り生活費だけで、二人の子供の養育費は払ってくれないのです。

その頃は会社勤めでしたが、気がついてみると壁宿さんの銀行通帳には一度もお目にかかったことがなかったのです。鬼宿さんがどんなに困っても知らん顔なので、仕方なく近所の家の家事を手伝ったり、子供を預かったりして、何とか不足の分を補っていました。子供だけは自分が面倒を見る、という強い願望だけは捨てません。夫婦の間の雲行きは怪しくなり、壁宿さんは家に帰ったり、帰らなくなったり、何を聞いても何も言いませんが、陰に女性がいることだけは分かりました。鬼宿さんは子供を育てるのに必死です。

そのうちに壁宿さんは帰らなくなってしまいました。思い切って会社を訪ねてみますと、すでに壁宿さんは辞めていました。お金は、ほんの時どき現金で送られてきます。そこで送金元の住所を訪ねてみますと、全然違う人が住んでいたりするのです。ある日、引っ越しの請求書が来たので支払いましたが、どうも考えてみると、壁宿さんの別れた彼女が怒って、家の方に支払いを回してきたらしいのです。送金も途絶えました。

それからの彼女の奮闘ぶりは凄いものです。壁宿さんには好き勝手にしてもらうことにして、保険の外交員・病人の介添えさん、マーケットのレジ係などいろいろしながら占術の勉強をしていたのです。そして、少しずつ、外に出て占うことになりましたが、やがて大流行りの占い師さんになってしまったのです。

三十年間、壁宿さんはいったい何をしていたのでしょうか？　時どき一、二年は家にいたこともあるそうですが、ある政治団体に入って朝・晩を問わず出かけたりしていたのです。ある時、ある議員さんの秘書のようなことをしていたのは確からしいのです。これは、壁宿さんに打って付けのお仕事でしょうね。

ある日、夫の壁宿さんは自分の母（房宿）つまり彼女のお姑さんを家に連れてきました。それで、彼女と一緒に住むようになったのです。ところが壁宿さんは母親を鬼宿さんに預けたまま、またどこかに出て行ってしまったのです。それで結局子供二人とお姑さん・自分と四人で暮らすことになってしまったのです。鬼宿さんの肩にまた重荷が背負わされたように思えます。けれど、お姑さんは子供にも鬼宿さんにも優しく、毎日出かけなければならない彼女にいろいろと気を遣ってくれます。その姿を見ると、健気で可哀想にもなるし、お婆ちゃんがいるので子供たちも喜んでいるから、四人家族の生活はとても良かったそうです。

二人の子供もやっと独立して、家族まで持つようになったある日、壁宿さんが帰宅しました。何と今度は本当の帰宅で二十五年目のことです。壁宿さんは歩くのも大儀そうに身体がボロボロです。あちらこちらと具合を悪くしていました。

その時はさすがの鬼宿さんもあわてました。本当にご高齢のお姑さんと夫の二人の面倒を見なければならないし、仕事はあるし、自分も歳を取ってきたし、一時は彼女自身が倒れそうでした。一年ほど苦しみながら、やっとの思いで仕事をしていましたが、夫の壁宿さんの体力も少しずつ回復して、自分の母親の介護を引き受けてくれるようになったのです。

この親子は夫の壁宿さんから母の房宿さんを見ると〈胎〉になりますから、今度は自分（〈命〉の壁宿）が〈胎〉の房宿の面倒を見て当り前です。壁宿さんは房宿さんに尽くさなければいけないのに、みんな鬼宿さんに押しつけて、家にも寄り付かなかったのです。（でも、母親を一番安全そうな鬼宿さんのもとに運んできた功績は認めましょう）
しかし歳を取ってどうにもならなくなると、さすがの「壁」も脆《もろ》くなり、崩れ落ちそうになって、支えが必要な「壁」になってしまったのです。ずいぶん勝手な生き方をしましたが、最後は母親の面倒を見ることによって、少しは人生のご修行をさせてもらっています。
結論的に言いますと、壁宿・房宿・鬼宿はいわゆる〈命・業・胎〉の関係そのものです。このお話の中では鬼宿さんが壁宿さんに尽くし、壁宿さんが房宿さんに尽くし、房宿さんが鬼宿さんに尽くすことで、ぐるぐる廻る運命の歯車を構成しているのです。前世で、鬼宿さんは、壁宿さんにどんな悪いことをして、今世で壁宿さんのためにこんな苦労をさせられることになったのでしょうか。でも、思いなしか壁宿さんが家にいることは彼女にとって嬉しいようにも見えました。
今日も人生についての達人占い師さんは、お客さまたちに安心感を与えていることでしょう。

奎《けい》宿《すく》

ご先祖さまの高い徳を大切にしてください

奎宿には、幸運に恵まれる方が多いのです。それは、ご先祖さまに大変徳を積まれた方がいらっしゃったからです。

奎宿の人の多くは、人との接し方が優しく上品で、礼儀を心得ていますから、周りの人びとから良くされるでしょう。その時どきで付き合う人の心を捉えるのも上手です。それでいて、自分の意志は、はっきりと上手に伝える術も心得ている、頭の良い人です。

たいていは、ご先祖さまのご供養や、ご法要を欠かすことがありません。

奎宿の人が、いつも自分のご先祖さまへの畏敬の念と感謝の心を忘れずに、自分の得た知識や財を人にも分け与えることを心得ていれば、ますます良い人生を歩むことができるでしょう。

しかし、ご先祖さまや、ご両親へのご恩を忘れて、何もかも自分一人で独占しようとすれば、かえって財も手の中からこぼれ落ちてしまいます。お布施の心を忘れないようにしましょう。お布施はお金のことばかりではありません。人のために無償で働いたり、智慧を出してあげたり、悲しい思いをしている人の気持ちを明るくしてあげたりするのもお布施です。

ご先祖さまが積まれた徳を大事にして、あなた自身も徳を積んでください。

乳ガンになった二人の奎宿さん

二人の女性奎宿さんが、同じ時期に、同じ程度の乳ガンだと告知されました。私はこの方たちをお仕事の関係で知っていましたので、たまたまそれぞれの方からお話を聞いたのですが、お二人はお互いに知り合い同士というわけではありません。私はこのお二人の病気に対する態度から、奎宿の人は、ご先祖さまに対する在り方次第で、こうも功徳が違ってくるものだなぁと、つくづく考えさせられました。

先ず一人の奎宿さん——A子さんとしましょう——は、四年後に乳ガンが完全に消えて、元の健康体に戻りました。しかし二人目の奎宿さん——B子さん——は、まだ病気をかかえてあれこれと心配しながら、治療を続けています。

A子さんは五十歳代前半に乳ガンと診断されました。温存療法が主流となりつつある現在にもかかわらず、乳房の全摘を告げられます。そうしなければ、いのちの保証はしないとさえ言われたのです。

彼女は乳ガンに関するさまざまな情報を集め、例の有名なK医師の理論が正しいと判断します。手術・抗癌剤・放射線などのあらゆる治療を断って、様子を見ることにしたのでした。

その一方で夫の勧めで、ある神道系の教団の教主にお会いしました。霊査の結果、「このガンは切らなくてもよい、治ります」という言葉をいただいたのだそうです。A子さんは身体を浄化させるために〝手かざし〟を毎日受けることにしました。そしてそれは、医療に一番良い「宿」である妻宿のご主人が懸命にしてくださいました。

また、彼女は仏壇にまつられているご先祖さまにも、今現在生かされていることの感謝と、自分に何が足りなかったのかを反省し、心からお詫びをしたのだそうです。一日一回は彼女が食べるのと全く同じ食事を差し上げ、それを毎日続けました。

こうしてA子さんの病状は少しも進むことなく停滞状態のまま三年が過ぎました。ところが、四年目近くになって、彼女にとって辛い出来事が重なった時期に、それが原因かどうかは分かりませんが、突然ガンが広がり、さすがのA子さんももはやこれまでかと観念したのだそうです。

健康食品とかサプリメントは、実際は分からないので一切使わなかったそうですが、とうとう放射線治療を受けられることにしました。その治療方法もご自分で選んだものでした。それでも彼女は信じていました。

「私は絶対に治る。絶対に負けない」

彼女は定期を買って三十日間、毎日病院に通って放射線を受けました。その間の思いはきっと複雑だったことでしょう。

それから数ヶ月後、ガンは消えてしまいました。

A子さんの闘病は終ったのです。

今も、ご先祖さまへのお食事は必ず差し上げていらっしゃいます。A子さんは頭が良い上に、とても親切で謙虚な方です。奎宿の女性の良い面が充分に表われています。ご主人（婁宿）とは〈栄・親〉の間柄ですから、良かったと思います。病気に対する闘いは、家族の応援と自分は治るのだという決意が絶対に必要なのです。

奎宿さんがご先祖のご供養をなさったのは、この場合、本当に〝宿〟の恩恵を活かされたわけですが、A子さんは、実は宿曜で自分が何の宿に当たるのか、全くご存じなかったのです。


B子さんについて話しましょう。

B子さんは独身ですが、女社長さんです。四十歳後半で、とても女性的な魅力にあふれた方です。莫大な財産と不動産を持ってのことですから、一生涯財に関しては何の懸念もありませんが、四年前にやはり乳ガンと分かり、K先生にご相談しています。十九歳の時の病気でもう放射線は使えないので、免疫療法と外国製品も含めてあらゆる健康食品を試しています。しかし、近頃病気が進んでいるのではないかというのです。

「ご先祖さまのご供養はなさっていますか」

とお聞きすると、側からお母さまが答えて、

「仏壇はありますが、向きが悪いのでしょうか、どこに置いたら宜しいのでしょうか」

などといっています。一方、ご本人B子さんはあちらの方を向いて全然関心がありません。

いずれにしろ仏間には、ご長男が万年床を敷いていて、足の踏み場もないので入れない、他の二つの部屋はおもちゃで一杯で使えない、というのです。ご長男というのは五十歳代で角宿です。子供の頃から特に物質的に甘やかしてはいけない角宿にしてこの結果です。

「でも、どこでもよいからお経をお上げになったらどうでしょうか、ご先祖さまは、ふと、思いついたような形で、私たちに妙案を授けてくださるものなのですよ」

B子さんの運気が、ここ二、三年とても要注意なので、心配して言ってみたのですが、ダメのようです。財産をたくさん残して死んだ父のことなど考えたくもないといった風なので、これではまだまだ心配を抱え込みながら暮らしてゆくのだなぁ、と思いました。

それでいて、「私はどうせもう死ぬのだからいいわ」などと言い出すものですから、側にいるお母さまがおろおろしています。

「お布施、例えばどこかに寄付をするのはどうですか」

と聞いてみますと、

「ええ、してますとも、クリスマスには、どこかの施設の子供たちに、おもちゃをたくさん持って行きますよ」

という答が返ってきて、お二人とも得々としています。でも、もう少し収入に見合った仕方があるように思われます。毎月三千万円の収入が、何もしなくても入ってくるのですから、ご先祖さまの徳積をもっと見習って欲しいものですね。

お家の中の仏壇さえきちんとできないわけですから、まだまだB子さんには厳しいご修行が続きそうです。

一人の女性は、見事にガンを克服しています。ところがもう一人は、同じ奎宿でいながら脱出の糸口さえも見出せない状態です。

私は、これは何々をしたから良いとか悪いとか言うのではなく、A子さんとB子さんに見られるように、「心」の問題だと思います。A子さんはご先祖さまをおまつりするために大変な努力をした結果、放射線治療に踏み切られたわけですが、結局、妙不可思議な治療の順序といいますか、人智の及ばない〝時機〟というものを、ご先祖さまが示してくださったのだと思います。A子さんは、奎宿の最も良い本性を活かされたのです。一方、B子さんの方は、財との格闘に忙しくて、ご先祖さまに助けていただける自分の本性について何一つ気がつかず、どうしてよいのか分からなくて困っている例です。

私たちは、目には見えないものに気づかせてくださる摩訶不思議なご先祖さまに、もっと畏敬と感謝の念を持ちたいものです。

婁《ろう》宿《すく》

自分の知識を惜しみなく与えましょう

婁宿の人は頭脳明晰で、その上、自分から進んで知識の蓄積を心がけ、緻密な仕事をこなします。

『宿曜経』には、二十七宿中、医師、治療に携わるのに一番良く、また公務にも向いていると書かれています。

喜怒哀楽をあまり表面に出さず、〃私はこうする〃と、自分の考えを心の中で決めて、それを貫き通すのが婁宿の人です。

ただ一つの欠点は、人に対してややきつい批判をすることで、そのために人望を失うことがあります。ですから逆に考えれば、婁宿の人が幸運を手にするのは、実はとても簡単なことなのです。尊大にならず、〃寛大さ〃を前面に押し出して、常に周囲の人びとと同じ目線で付き合うように心がけること、それだけなのです。実際に、婁宿が裕福で明るい人生を送っている例を見ますと、その方たちは、人に対して、特に仕事の面で、自分ができることは「周りの人間もみんなできるのだ」と思わず、その前に自分の知識を惜しみなく人に教えてあげています。そうすれば、周りに対するご自分の不満もなくなり、自然に周りの人びとの尊敬も高まり、感謝の念を得ることになります。このようにして妻宿の方の幸福への道が開けるのです。

もともと妻宿の人は頭が良くてもの知りな上、親切で細やかですから、〝普通の人が理解できないことを教えてあげる〟だけで、周りの人の態度は一変します。私の知っている公務員の方、機械関係のお仕事の方は、全て、このスイッチを切り替えただけで、お仕事上も家庭でも良い変化が起こりました。その切り替えが実に早かったので良かったと思います。

友人の病院の院長さんは大変優秀な方で、病院は大繁盛しています。脳外科という難しい医療に携わっていながら、院長の妻宿さんは、ゆったりとした口調で、できるだけ優しく患者さんたちにお話ししてあげられるので、患者さんは安心して集まって来るのでしょう。

妻宿の皆さま、早く幸運への特急券を手に入れてください。

C子さんの晩年

C子さんは、妻宿ですが、彼女の体験レポートを読んだ友だちは、みんな同情してしまいます。今は公務員を退職、ピアノ教師や合唱団の指導をしています。お孫さんには、「お婆ちゃん、お婆ちゃん」と慕われ、かたわらお友だちと旅行に行き、コンサートを聴きに行くのを楽しみにしている毎日を送っています。

たいていの妻宿さんの女性と同じく、C子さんも色白で、小太り、目はパチッとして、可愛らしい素敵なおばあちゃまです。ソプラノで美しく歌います。

C子さんは教育熱心な家庭に育ち、ピアノのお稽古をしたり優秀な女学校から教育系の大学に進みました。その頃、戦争が始まり、ある片田舎に疎開して、その地で教員になりました。お世話をしてくれる人もいて、結婚することになりましたが、相手は角宿の男性で、C子さん（妻宿）とは〈危・成〉の間柄でした。

その夫はいわゆる金持ちの家の長男で、子供の時は甘やかされて育ったのです。角宿の子供は物質的にも甘やかさないのが鉄則です。

男の赤ちゃん（柳宿）にも恵まれて、やっと幸福と思ったのも束の間、だんだん不穏な雰囲気になってきました。その夫（角宿）は気に入らないことがあると暴れて、怒ったり怒鳴ったりしはじめ、酒乱の気があることが分かったのです。それでも何とか日を送っているうちに、ある晩、枕元にナイフをグサッ、と突き立てられたのです。彼女は、その瞬間に家を出る決心をしました。子供を連れて逃げる途中、夫の家の人たちが追いかけてきて子供を引き離されました。泣く泣く独りで東京に出てきたのです。

東京でも小学校の教員になりましたが、数年後、今度は職場の六つ年下の若い同僚と恋に落ちて再婚します。二度目の夫は「女宿」で、「婁宿」さんとは〈安・壊〉の間柄です。一目惚れで、結婚すると五～六年たつと波風が立ってくるのは、この組み合わせのタイプの人間関係です。果たせるかな、ちょうど六年目に夫は他の女性と恋愛関係になり、彼女に「別れてくれ」と懇願したのです。

彼女は「できてしまったことは仕方がない、熨斗《のし》を付けてくれてやる」と、きっぱり別れる決心をしました。少しの教育費をもらうことにして、産んだ男の子（鬼宿）を連れてまた出直しです。その夫は調停で決まった慰謝料をいつまでたっても払おうとはしません。

そんなある日、組合の動員で、横須賀に原子力潜水艦寄港の反対デモに参加することになりました。行ってみると隊列の先頭に元亭主がいるではありませんか。みんなが「原潜カエレ！！」と叫んでいるのに、彼女の叫びは「慰謝料よこせ！」になってしまいました。

その日は、丁度卒業式の後だったので、彼女の半生記を知っている何人もの同僚の大柄な男性教師たちも、黒い式服を着たまま、一団となって「先生、慰謝料を取り返しに行きましょう！」と叫んで、「慰謝料よこせ！」のシュプレヒコールを始めたのです。この有様はまるで何とか組の一団のようでもあったとのことです。もちろん慰謝料は支払ってもらいました。

この事件でも分かりますが、彼女はすでにみんなの中で人気があったということにお気づきでしょう。彼女の明るさと明快な決断、加えて両親の教育も良かったのかもしれません。しかもいつも同僚の仕事を快く手伝ってあげたり、頭の良い人たちにありがちな人を馬鹿にするようなところが微塵もなかったことが、このような幸運を呼ぶのです。

二度目の結婚で生まれた息子さん（鬼宿）も、十年後には家庭を持ちましたので、今は自由を楽しんでいます。最初の夫の実家に引き取られてしまった息子さん（柳宿）も、年に一、二度は上京して母親に家族を見せにきます。異父兄弟の息子さんたちも「柳宿」と「鬼宿」なので〈栄・親〉の間柄で、問題もなく仲良く、兄さんと弟の絆をかみしめています。

C子さん（妻宿）は長男（柳宿）とは〈栄・親〉の間柄にあり、次男（鬼宿）とは〈友・衰〉の間柄です。

いわゆる、降って湧いたような難儀続きだったのに、今の幸福は彼女自身が誠心誠意、周りに尽くすことで培ってきたものです。誰に対しても寛い心で対応したのが吉を生んだのですね。

C子さんは、今でも遭遇した素敵な男性を話題にしては、「あの人素敵、この人素敵」といっては心を弾ませ、今からでも恋愛する気構え充分です。

妻宿の女医さんは腕が良い

妻宿は二十七宿中一番お医者さまに向いていると『宿曜経』に出ています。その妻宿の女医さんの頭の良さと、金銭の損得感覚に対する異常な敏感さをめぐる、ご家族のご苦労についてお話ししましょう。

先ず小学生の頃の妻宿さんと弟さんの勉強の仕方に触れてみましょう。この妻宿さんは、実は私の幼友だちの弟さんの娘さんなのです。その幼友だちから弟さんのご家族について占って欲しいとの連絡があって、その数日後弟さんの奥さま（奎宿）が事務所にいらっしゃいました。歳の頃は三十代後半なのに、まだ娘さんのような可愛らしさが残っている、とても礼儀正しい方です。二人の子供の学校での成績を大変気になさっているので――

「娘さん（妻宿）の方が成績が良いでしょう。妻宿ですからとても頭の良い方です。息子さん（房宿）は勉強嫌いですね」

「その通りなんです。もう全然お勉強の方はダメなんで困ってしまいます。お姉ちゃんは何も言わなくても勉強するのに」

「大丈夫ですよ、今に普通程度に勉強するようになりますし、今のところは、何とか他のお子さんに付いて行けるように、優しい大学生の方にでも頼んで、一緒に勉強してもらったらいかがでしょう」

「そうします。安心しましたわ、私たちは、とにかく子供たちがひとさまにご迷惑をおかけしないように育ってくれればよいと思っています」

とおっしゃって、安心して帰られました。

何か深いご縁があったのでしょうか、その後も時々、電車の中とか、レストランやデパートなどで、ばったりお会いすることがありました。しかも、たいていの場合、ご家族の皆さまがお揃いでした。

十数年もたったある日、突然お電話をいただいて、久しぶりにお会いすることになりました。ご主人が事業に失敗されて、妻宿のお嬢さんとの仲が険悪だというのです。以前からお嬢さまに約束していた病院を建てられなくなったからです。

「もっと早く、ゆっくりお話ししたかったのですが、いろいろなことが起こってしまいまして、ついつい……。おかげさまで、息子はお勤めをしています。娘は医学部を卒業して勤務の病院も決まりました」

というご挨拶の後、

「近頃になって、主人の事業や計画がことごとく失敗して、私が持参した財産やビルも全部なくしてしまったので、小さなマンションに住むようになりました。医学部を卒業すれば医院を開かせてあげるという、例の妻宿の娘との約束もダメになってしまったのです。娘の父親への怒りは大変なもので、毎日、財産をなくしたことをなじるのです。あまりひどいので、見ているのが辛くてしようがないのです。

そして、娘自身も勤め先で不運な毎日を送っているのです」

と、次のように続けられます。

「娘は、病院でセクハラに遭ってしまい、許せないというので訴えを起こしました。そんなこともあって、ある青年医師との恋もうまくいかなくなりそうです。この頃は、死にたいと言ったりしますので、心配と悲しみで明け暮れています」

この奎宿の奥さまは、子供時代からずっと、何一つ不自由のない、平穏な生活を送ってこられたものですから、不幸が一気に襲いかかってきたように感じられたのでしょう。それで娘さんに会って何とか話をしていただけないかと、私に頼みにいらしたのです。「とにかく、お話ししてみましょう」ということになって、二、三日してから婁宿の娘さんが来られました。

表情は暗く、顔は青く、硬い表情をしていらっしゃいます。けれども私は、婁宿の人が自分に関係するお金の損得について、大変細かいことを『宿曜経』を読んで知っていましたから、最初から次のようにはっきり申し上げました。――

「いろいろと辛いことがおありだったそうですが、これだけは、はっきりしておきたいのです。あなたはお父さまが、お金を使ってしまったので、約束の医院を開けなくなったとお怒りのようですが、そのお金はもともと、あなたのお金ではなかったのでしょう。自分が働いて貯めたお金でもないし、もともとお母さまのお金だったとしても、夫婦として、お母さまがお父さまに使わしてお上げになったのですから、あなたは恨みがましくお父さまをなじれる立場ではないでしょう。たまたま、お金が残れば、それは子供さんがいただけるということで、最初からあなたのお金じゃなかったものが残らなかっただけのお話なの」

そして世間一般の娘さんたちの話をしてから、——

「普通は親の面倒は見ても財産をいただけない人が多いし、みんな自分たちが作り上げてゆくものなの。あなたの弟さんはどうなさっていますか。何か文句を言っていますか。お父さんを責めてはいないでしょう。あなたは立派なお医者さまにして頂いたのだから、腕次第でこれからなんでも好きなことができるでしょう。ご両親に感謝しなければね。

お医者さまというお仕事も、あなたの資質にとても良く合っているし、あと二年も我慢してご覧なさい。運が上向いてきますよ。ただ、文句ばかり言ってたらその幸運さえも逃してしまいますよ」

さらに、

「今日、あなたにお会いして、私が一生懸命にお話ししているのは、あなたのお母さまが、あなた方への愛情を胸一杯にふくらませて、心底から苦悩していらっしゃるのを見ていられないからなのよ。本当に優しい方ですね。だからご心配を少しでも軽くしてあげたいのよ。

あなたは死にたいとか自殺するとかおっしゃっているそうですが、お医者さまだから、ご自分に一服盛るくらい何でもないことでしょう」

「ええできます。そう思ったことも随分あります」

「死んでも、なお辛いことが向こう側で待っていると私は思いますよ。そんなにあなたを可愛がって育ててくれたご両親を悲しませることはないでしょう。お父さまだって、あなたにお約束の医院を建ててあげられなくて、心の中ではとても辛く思っていらっしゃるのですよ」

恋愛やセクハラのことにも触れて、――

「恋愛については、生涯の良い配偶者を見つける運がこれから廻ってきますから、ダメになったものは、もう、スッキリと諦めましょう。それに、セクハラをしたとかいう人には、みんなの前で、横っ面を張ってやりなさい。訴えたのに何ともはっきりした答えが出なかったわけでしょう？　殴ってやれば、スーッとするわよ」

「そうですね、やってみます」

と顔を上げてはっきりと答えたのには、私の方が驚いてしまいました。

「どこか、ハワイとかスペインとか、旅行してみたらどう。気分が変わりますよ。その病院、首になってもあなたには〝腕〟があるのだから……。そうね、旅行が良いと思うわ」

私の話もそうとう荒っぽいものでしたが、かれこれ二、三時間は話していたと思います。

二、三日後、奥さまから電話があって、
「娘は旅行もいいかなと言って、病院には一ヶ月の休暇を取りました。旅行から帰ると〝勤め先も変えよう〟といっています」

と嬉しそうでした。

妻宿の人は頭が良いので、私が言わんとしたことを充分分かってくれたのかも知れません。しかも本当に、みんなの前でセクハラをした事務長に平手打ちを食らわしたと聞いて、痛快になりました。

その後、奥さまから電話がないのでお電話したところ、ご主人が出られて、近頃は家族が昔のように仲良くなって、お正月の休みに久しぶりに別荘に行ったところ、帰りに、奥さまが急に亡くなってしまわれたとのことでした。しかし娘さんが前と打って変わって、お父さまの面倒を見られるようになられたことでした。

一年後、またまた駅ビルのショッピングモールで〝先生！〟と、懐かしそうに声をかける若い婦人が、目の前に立ったので誰かと思っていますと、にっこり名前を名乗ったのは、例の腕っ節の強い妻宿の女医さんでした。以前とは打って変わって、あまりにも表情が柔らかく明るかったので、とっさには分からなかったのです。

彼女は、女医さんとしてますます良い運をたどることでしょう。金運もなかなかある人です。

このご家族は、本来とても仲の良い構成なのです。

先ず、ご主人（尾宿）と奥さま（奎宿）とは〈栄・親〉の間柄で、奥さまと娘さん（婁宿）も〈栄・親〉の間柄です。そして奥さまと息子さん（房宿）とも〈栄・親〉の間柄です。

また、ご主人と娘さんとは〈命・胎〉の間柄で、〈命〉に当たる娘さんが〈胎〉に当たるお父さまの面倒を一生見ることになるでしょう。この娘さんの運も、そうした方が良くなるのです。

それから、ご主人と息子さんは〈友・衰〉の間柄ですし、姉と弟も〈友・衰〉の間柄です。お母さまがいらっしゃらない後を、きっと仲良く暮らして行くことでしょう。

それにしても、婁宿の人は頭が良いのですがお金に関して厳しく、特に自分にとって得か損かに非常に敏感です。この女医さんは、婁宿の本性丸出しで、ある時期、お父さんが自分の医院を建ててくれるはずのお金をなくしたことに、異常に立腹しましたが、その怒りをよく克服してくれたと思います。やはり、奥さまをはじめ皆さまの間柄が良かったのに加えて、ご家族の皆さまの娘さんに対する心温まる優しい接し方が、良い結果を生んだのでしょう。

胃《い》宿《すく》

過剰な欲を抑えて運を上げましょう

胃宿は、強い六つの宿の中の一つです。後の五つは、畢宿・亢宿・尾宿・箕宿・室宿です。もちろん〝強い〟といっても、そのニュアンスはそれぞれ大変異なっています。

胃宿の人は非常に強固な心を持っていますので、人によっては大事業を成し遂げることができます。たとえどんな難儀にあってもそれを克服し、失敗してもそこから脱出する頭脳も活力もあります。

しかも物事を大きく捉えて自分なりに消化し、それを次の目標へと進むエネルギーに転換します。

行動範囲が広く、何でも自分で経験してみないと納まりません。しかも多芸で、一つのことが気に入ってもさらにもう一つ、という具合です。

胃宿の人の本来の使命は、たくさんの人を苦しみから救ってあげたり、よりよい人生を送るのを手伝ってあげたりすることです。そうすれば、自分の財運や健康運も上昇してくるでしょう。

胃宿の人が、自分の名誉や財産、その他自分が欲しいと思うものばかりを追い求め、ついには他の人のことを考えず、傷つけるようなことになれば、その時は、自分の〝業〟を増やし、運を下げてしまいます。

平和で豊かな晩年を送れるように、有り余るエネルギーを、心して、自分以外の人たちのために、善い方向に使ってあげましょう。

魔法の手を持つ治療師さん

もう、ずいぶん以前になりますが、私は一人の女性、胃宿さんに会って、良い友だちになりました。《宿曜占法》を勉強しに地方の都市からいらっしゃるというので、日時を決めて八重洲ブックセンターでお会いすることになりました。こういう時は、知らない人同士が会うのですから、両方ともどういう人物が現われるのかと不安になるものです。私にしても同じですが、彼女の電話での声は、はきはきしていながら温かみのある、綺麗な声でした。

大きな本屋さんの中で、女性もたくさんいるのに、即座に「アッ、あの方だ」と、お互いに分かってしまい、なにやらとても嬉しくなって、二人同時に手を振ってしまいました。中年の、いかにも健康そうで魅力的な女性です。彼女の顔のあたりがパッと明るいので、すぐ気がついたのです。私たちは何十年来の友人同士のようになってしまいました。

「お腹がすいたでしょう。お昼を一緒にしてね」という私の提案に、彼女もすぐ賛成してくれました。

テーブルに向かい合って、いろいろお話しをしながらお昼を楽しんでいるうちに、胃宿さんが
「先生はとてもお疲れのようですね。頭の左後ろあたりが痛くて、肩と背中がこっていらっしゃるし、目の奥が痛みませんか？　ちょっと胸のあたりも苦しいでしょう」

と言います。

「ええ、みんな当たりです。不思議ね、そちらから私を見ているだけなのに、何故そんなに分かるの？」

実は、その頃も執筆活動に追われていて、大変に目を使っていたのです。胃宿さんは続けて
「ね、先生、それを全部私に直させてください。先生の痛いのがとれたところで、私が教えていただきます」

「でも、わざわざいらっしゃたのに、あなたのお時間は大切にしたいわ」

「いいえ、私は先生が楽にならないうちは教えていただかないことにします」

とうとう、私は勉強より先に、彼女のお世話になってしまったのです。痛い頭も忘れたように治り、有り難いことでした。

そうです。この胃宿さんは、人を治療することにかけては魔法の腕を持っていたのです。指圧

・整体・鍼《はり》・お灸、何でも自由に使いこなしてしまう、治療師さんだったのです。
この胃宿さんのお陰で、本当にたくさんの人たちが痛みや病から解放されたのです。特にこの人のように、自動車事故の後遺症を治せる人は少ないと思います。

何故、彼女がここまで治療の技を磨き上げられたのかがポイントです。それは、このような人生経験があったのです。彼女が二十七歳の時、全く突然に難病に襲われてしまったのです。すでに整っていた婚約も取り消して、治療に専念することになりました。お母さまは彼女に付きっきりで看病してくださったそうですが、なかなか治らず、危険な状態を何度かくぐり抜けています。

ここまでの経緯を考えても、こんなにいのちの危険にさらされながら、病気を克服しようとする気力は、一体どこから来たのでしょうか。ご両親や兄弟の心と、胃宿さん自身の強固な〝治す〟という決意が、一つになって働いたからだと思います。困難にあっても絶対それに負けていないという胃宿さんの生来の資質が、大いに働いてくれたのでしょう。

普通なら病気に負けてしまって、暗い気分にもなるものですが、胃宿さんは病気を克服してしまったのです。特に、最後の治療法として、彼女のおじさまがしてくださった「鍼治療」が、難関の突破口になったそうです。

やっと、病院から出られた彼女は、何とかもっと丈夫になろうと、それはものすごい努力をします。まず彼女は治療師さんになろうと決心して、鍼灸《しんきゅう》の習得から始めます。それからというものは、とにかく身体に関しての治療法を貪欲に次つぎと吸収していきます。たくさんの人たちを治療して、治してあげようと懸命になるのも、自分が苦しみを経験しているので、何とか一日でも早く良くしてあげたいと思うからでしょう。患者さんの気持ちになってあげられることが、とても良かったのだと思います。

何年か経って、ますます元気になった胃宿さんは、いかにも胃宿さんらしく、コーラスをはじめとして、お習字・旅行と多彩な趣味を身につけ、さらにお寺さんでの修養会にも参加して、たくさんのお友だち、お仲間の中で楽しい日々を送っています。

それに、胃宿さんに魔法のように痛いところを治してもらいたい患者さんたちが、毎日押し寄せます。「少し趣味や行動範囲を縮小したらいかがでしょう」と、胃宿さんにお話ししましたが、たとえ一つの趣味をやめたとしても、もう次のプランがあって、また忙しくなってしまいます。

胃宿さんは、本当に活力があって行動範囲も広く、大きく手を拡げる人だとつくづく思います。

矢でも鉄砲でも持って来い

これは、今では私の楽しい想い出の一つになりましたが、痛快な胃宿のお婆さんがいらっしゃいました。

《宿曜占法》のお教室に来る時は、いつも大きなリュックを背負ってきます。そして着くなり、

「ああ、しんど、荷物はあるし、階段はあるし、大変だヮ」

と、リュックの中からお菓子の袋をいくつも出しながら、こう第一声を発します。それから、一人ずつの前に袋を置きます。〃おやつの大会〃で太る心配が増えます。

「それに先生、今日は株が一万二千円になりましたよ、ひどい事じゃありません？　日本もこれでおしまいだわ（彼女は株をたくさん持っています）、どうせ、私の〃宿〃は先生の本にはビリッケツに書かれているんだもの、いいことないわよね」

と。これもいつもと同じことを言っては、株で損をしたおはちを私の方に回すのです。

私も同じ答えで、

「あのね、おしまいには福が来るって言うじゃないの。それに宿の配列もインドと中国とでは違うのよ。一番から順々に悪くなるとか良くなるなんて、どこにも書いてありませんよ。私に言わせれば、こんなに強い宿で最終を飾るなんて、凄い事じゃないかって思うけれど。それに、もしかしてお菓子を持ってこなければ少しは軽くなるんじゃない？」

「お菓子はみんなが食べたいんだもの、しょうがないわ」

胃宿の人は、自分が美味しいと思うものはみんなも美味しいと思うに決まっている、と決め込んでかかるのです。

「株だって、三年前に、そんなに夢中になるのはもうおよしなさい、って言ったじゃない？」

「そうだったかしら。アッ、そうそう、先生は来年八方ふさがりですよ、気を付けないと大変ですよ」

ですって。

クラスメイトは、女・箕・斗・氏宿さんたちで、いつものこの儀式が終わるまで、どこ吹く風で自分たちも話し合っています。みんな苦楽の山やまを越えてきた人生のベテランであり、「占い」にかけては錚々たるメンバーです。彼女たちの話の中には、宿曜について勉強になることがたくさんありました。本性をよくよく見せてくれるからです。そして、その資質をどう使って一生を送ってきたかも。

中でもこの胃宿さんは、よく〝矢でも鉄砲でも持って来い〟などと言っていましたが、これはある年齢に達すると何となくそう思うことがあるのです。胃宿さんは中学の教師をしていましたが、たびたび、ひどい思いをした事件がありました。一度は髪をつかまれ、むりやり引っ張られて、頭皮まで引きちぎられ、顔中に血がべったり付くほどの重傷を負ったこともあったそうです。それでも、とにかく停年まで勤め上げたのです。さすが胃宿さんはがんばりますね。きっと、とても良い教師だったのだと思います。

それに胃宿さんは、一般的に言って、面白いことに、他人の情報は貪欲に知りたがりますが、自分のことはあまり言いたがらないのです。何を中学校で専門に教えていたのかを彼女はひた隠しにしていましたので、私は面白くなって、少し《算命占法》を使ってからかってあげました。

ある日
「あなたは音楽の先生だったのでしょう」

というと、びっくり仰天してなぜ当てたのか夢中になって聞こうとしました。

でも胃宿の人の特徴として、ご自分の言いたいことを、突如、あけすけに話し出すことが時たまあります。

例えば、彼女いわく、

「胃宿の人は面食だって、ご本に書いてありますね、私も実は面食なんです。昔はお見合いが多かったでしょう。次から次へとお見合いの話があって、五十人位とお見合いしましたけれど、私は気に入らないばかりで、みんなお断りしました。それで、最後に〝私はいい男でないといやです〟と言ったら、また何と本当にいい男を見つけてきたのよ、神主さんの家だけど、それで私も乗り気になったの」

「それで？」

とみんなが聞くと、

「それがね、ダメだったのよ、その人の声の悪いったらないのよ、泣く泣く断ったの、それで私は生涯独身ってわけなの」

心なしか、惜しそうにおっしゃいました。

それはそうでしょう。音楽の先生ですもの、声が大切なのはよく分かります。胃宿って本当に面食で、しかも美声食らいですね。

この方は、たくさん趣味をお持ちで、私の知っているだけでも、数かずの占術・株・ゴルフに加えて、書道はいくつも賞をいただくほどの達人です。そして何よりもお買い物好きです。しかもなかなかの交際上手で、有無を言わさず周りの人を巻き込む強引さがあります。いろいろな情報を集めて、それを使いこなすこともできます。いつも携帯でメールを送り込んでいる人を見ると、胃宿さんを想像してしまいます。勉強家で、何をしてもすぐにできてしまうのです。

しかし概して女性は結婚運を逃してしまいがちなので心配です。男性は横紙破りで、他の人の言うことなどに耳も貸しません。それなのに恨まれることもなく、好き勝手に生きられる幸運者です。

どちらにしても、強い人であることは確かです。外見上華やかに枝葉を茂らせるのではなく、しっかりとした根を大地に張って他の人を助けてあげれば、立派な生涯を送ることになるでしょう。

《宿曜占法》こぼれ話

《宿曜占法》を勉強し、今はもうご相談を受けたりしているお弟子さんたちと、時々話し合いの場を持ちます。雑談のようなものですが、その悩みを聞いてあげて、話し合いの中から共に究めていくのが目的です。これは案外好評です。
ある日の様子を挙げてみましょう。

今日は、女性の女宿と尾宿、男性の井宿、それに鬼宿の私の四人です。
鬼宿：《宿曜占法》についてもっとも大切なことは、自分を知らない人を目覚めさせてあげることだと思います。自分のことが分からないばかりに、周りの人を困らせ、自分もまた困っているのですから、そこをはっきりさせれば問題が解決することになります。どのような占術を使っても、この出発点がはっきりしないかぎり無駄が多いわけです。ですから私は運勢や、性格、「人間関係」などを「表」や「グラフ」にしたり、今日・明日のことだけをあれこれという占いの仕方は、あまり賛成ではありません。枝葉にとらわれると、現代の世の中では身動きがとれません。
女宿：私はご相談の方にお会いしたときに、まず、よく宿のことを考えながら見ます。しばらくお話をしていると、やはりそうなんだ、この宿の人の特徴がよく出ているな、と思って改めて「宿曜」ってすごいなぁと思います。
鬼宿：その時に、本性が見えてきたら、アドバイスにかかれますね。「これこれ、こういうところがあなたの特徴ですから、これを活用して運を掴みましょう」と言ってあげればよいのです。
でも私たちはいつも、前に坐っている人の顔色、特に眼の感じとか、全体の疲労度やエネルギーを見て取らないといけません。何気なく、さっと感じられるようにしてください。
尾宿：私は、かつてとても苦労が絶えなくて、何回死のうと思ったかわかりませんでした。最後に先生のところに来たときに、お茶やお菓子を出していただいて、長いことお話を聞いてくださいました。その時最初に「あなたはエネルギーがすごくあって、他の人と同じではないの。あなたがあまり働くものだから、周りの人はついて行けなくて困っているのよ。あなたは周りの人がいじめると思っているけれど、あなたがいると、周りの人はもっと働かなくてはいけないので、とても苦しいの」と言われたときに、私はハッとしました。
そう考えると、先生のおっしゃるとおり、これまでは良いと思ってしたことが裏目に出て、相手を困らせたり、私自身が苦しんだりしていたのです。その後、私もこの勉強をしてから、おかげさまで、人さまに対する時は、先生のスタイルを真似させてもらうようになって、今ではいろいろな方が、私の所に見えられるようになりました。

鬼宿：良かったですね。あの時、あなたがあまりにソワソワしているので、落ち着かせようと思ったのです。

開運法をバッチリ実行されればもっと良くなりますよ。たとえば私は『法華経』の読誦を開運法の一つとしてお勧めしていて、『法華経』の内の特定の三品を各宿の方に特に読誦していただけるように挙げています（『宿曜占法―密教占星術―』参照）。時間がそんなにない時は、一頁でも心を込めて読めばよいのです。私はたとえ電車の中でも、ご先祖さまに感謝しながら、短い一節を心の中で唱えるようにしています。

亡くなられた浅草寺の壬生台舜先生は「お経は中身の意味が解らなくても読んだ方が良い、意味が解るともっと良いし、人にお話ししてあげれば本当に御功徳を頂くよ」と、かねがねおっしゃっていました。

鬼宿：ところで、一見信仰とか宗教心とかがないように見えても、人を幸運にする人がいます。そういう人は本当に深い信仰心を心の奥底に秘めていて、もう身に着いている徳を積んでいますから、人に見える形でお経を読まなくても、周りも自分も幸福なのです。そういう人は、きっと仏さまの大慈大悲の教えをごく自然に実践しているのでしょうね。

井宿：先生はかねがね、強い宿星というのは同じように強いと言っても、強さの内容や性質、表現の仕方にそれぞれニュアンスの違いがある、とおっしゃっています。そう言われてみると、全部〝強さ〟の種類が違っていますね。そのことが分かって良い勉強になりました。それに中間的な強さをもつ宿の人もおり、また、〝弱い〟といっても本当の底力がある宿の人もいて、『宿曜経』が歴史的にもこんなに古いのに、人間って変わっていないのかなぁ、と驚きます。一見、弱いように見える宿の人は、周りの人たちとの和を保って、みんなを繋げる役割があるような気がします。
鬼宿：そうなんです。「宿」のエネルギーの強・弱は、〈陽《よう》〉と〈陰《いん》〉の関係にあります。いわゆる強いエネルギー（活力）をもつ宿の人は、一生涯自らをどんどん発展・高揚させて、大きな仕事をしていけばよいわけです。
しかし、それが行き過ぎると、結局は争いを生み、自らも疲れ果てて、社会全体も今日のように荒れすさんできます。これを救って、人びとの心をもう一度自らの内側に向けさせ、魂とエネルギーの根源を養ってくれるのが、〈陰〉つまりいわゆる弱いエネルギーの宿の人たちなのです。
この人びとのおかげで、競争で病んでいる世の中も、礼譲と節度のある落ち着いたものに返るのです。

このように、強・弱それぞれの宿の人たちは、お互いに助け合いながら世の中を健全に保っているわけで、ここが《宿曜占法》や《算命占法》など、東洋占法の考え方の、深くて面白いところです。

そこで、対策ですが、強い宿の人は、人を押しのけて困らせるのではなく、世の中のために思い切って働いてたくさんの人のお役に立てば、大変幸せになれますし、他方弱い宿の人は、人を癒《いや》したり、喜ばせたり、良いことをお伝えしたりして、世の中を和《なご》やかにしながら生きていけば楽しい人生を創れ、しかも世の中のお役に立てるわけです。

もちろん、エネルギーの強い人にも、人を癒《いや》し、慰《なぐさ》め、和《なご》ます心がなければ、人びとの愛と尊敬を得るのはむずかしいでしょう。もともと〈陰〉が基本ですから。

井宿：会社の中の上司とか同僚とか部下を見ると、とても面白いんです。私と〈栄・親〉の間柄の上司はとても良くしてくれますし、安心して付き合える同僚とか友人なんかもはっきりしてきます。

でも、先生のおっしゃる各宿にも〝松・竹・梅〟というランクがありますから、これもまた研究材料になりますね。

鬼宿：〝松・竹・梅〟の問題には、後天的な要素も関係してきます。

生後五、六年間、特に最初の三年間の人間形成が、人の一生にとって最も大切だとされていますが、それに影響を与えるのは「家風」です。家風は遠い遠いご先祖さまから伝承してきた、いわゆる「業」（ご先祖さまの言動の集積）でできているものです。

その後は十六、七から二十歳位まで、つまり高校とか大学時代の先生とか先輩とか書物とかを通じて「生涯の師」に遭遇するかどうかでしょうね。これは家族や友人、本人の努力と環境などにも深く影響されます。

最後は、結婚の相手と、本人の職場環境です。

人は生れながらに、そんなに大きな格差があるわけではないと思います。〝松・竹・梅〟のランク付けは、多分に後天的な要素で決まるもので、子供の時は梅でも、中年から熟年にかけて、竹から松へと成長する人も、当然いるはずです。もちろん、その逆の人もいますけれど。

女宿：こういう考え方と事実をかみ合わせて、いかにうまく自分も人も向上して行くか、その方法をはっきり掴むのが《宿曜占法》の真髄であり、本題ですね。

鬼宿：そこなんですよ。よくよく体得すれば、必ず自然と各宿の人が一生の間にしなければいけないご使命というものが見えてきます。この使命の達成をベースに徳を積めば、その人は生涯幸福になれるわけです。

私はご存知のように『宿曜占法Ⅱ』にそれをはっきり書きました。喜びも憂《うれ》いも、楽しみも苦労も、みんな自分自身から生じていることがよく分かります。
女宿：そうすると、明日はどうだとか、今日はどうだとかと一喜一憂している〝占い〟が私には軽薄なものに見えてしまいます。
人の性格や人間関係のところも、どこにでも書いてあるようなことを、ただ並べ立てるのではなく、各宿の人一人ひとりの生き方が生々しく見えてこないといけないのです。お互いの悪いところばかり出せば、悪くなるに決まっていますからね。それに本来悪い関係も、それぞれの宿の良い特色を活かすよう努力していけば改善できますしね。
鬼宿：そうですよ。同じ女宿さんでも、弘法大師さまが女宿、瀬戸内寂聴さんも女宿といわれています。女宿は特に宗教者に多いですから、それはうなずけますが、オウムの教祖が同じ女宿と聞くとネエ。こういう人は、松・竹・梅どころか、宿の範疇に入らずランク付けもできない〝異相の人〟と言います。
尾宿：この前、台湾に行ったのですが、龍山寺というお寺の近くにたくさんの有名な占い師さんがいて、この中の一人の方を訪ねたのです。日本語が話せるおじいさんで、拝むところに本棚があって、何と先生の本が全部置いてあるのでビックリしてしまいました。『宿曜経』はどうでしょうかと聞くと、〝最も良い人生訓ですよ〟といわれました。見てもらう人が部屋の中に四、五人立って並んで待っていました。

鬼宿：それはよい経験でしたね。ヨーロッパでは、祭壇はありませんが、たいてい、いろいろな綺麗な貴石がたくさん占い師さんの部屋や入り口に置いてあります。完全に一人ずつ予約していて、まるで、お友だちのような優しい雰囲気で話してくれます。〝癒し〟を大切にしているのでしょうね、ハーブの香りも漂わせてありました。私たちの役目は、現在の問題をどのように改善して行くかにあるわけです。だから、いろいろな占術を使い分けても良いわけです。たとえば、来年良い運が来ていても、その人自身の〝運〟の運び方次第で良い運も、普通か、または悪くなってしまいます。それは周りの人びとや、自分が直面している状況への対応の仕方で決まるわけです。それには、一つは、〝自分の考え方の物差し〟が他の人とどう違うのかが問題になるのですから、それを分かってもらうのに、いろいろな方法を使ってよいと思います。
でも、つくづく思いますが、不運は自分の性格を直さないと改善できないということですね。それに目に見えない御加護というのも不思議です。私の知っている僧侶の方は、何か変わったことがある時は、ご自分のお部屋の机に置いてある観音さまのお像の向きが変わるそうです。それで、その方も勘の良い方で、〝アッ、あれは何かいけないということのお知らせだな〟とか、〝あれは、ああなる〟などと思っていると、後日的中するそうです。ご修行した時は、あたりの見えなかったものが、全部見えるようになるともおっしゃっていました。
井宿：そういう感覚って、味わってみたいものですね。

尾宿：先生、よく聞く話で、占い師さんで、運の悪い人を見ると、自分の身体の具合が悪くなるという人がいますね。悪い気を受けるとか……。
鬼宿：自分が悪い気を受けると思えば、具合も悪くなるでしょうし、受けないと思えば、なんの災いもありません。私は、そう感じたことは一度もありません。基本的には受けないと思います。もし、そう感じたら、自分の体力と精神力を養ってください。自分の身体や心が疲れているのかも知れませんからね。道を歩いていたり、講演会の時など〝先生！　先生の気をもらいまぁーす〟なんて言いながら、勝手に抱きつかれることもありますが、何でもありません。そういう人って、反対に、自分自身すごいエネルギーを宿している人だと思いますよ。
井宿：先生、基本的なことがよく分かりました。今日はここまでにして後日また、面白いためになる経験談を持ち寄ることにしましょう。
鬼宿：そうですね、では、何かあって困った時は、いつものように私に話してください。またお話し会を持ちましょう。

おわりに

長い間私は、『宿曜占法』シリーズの最後に、二十七宿それぞれの人についての占技の実例を、書き残しておきたいと考えてまいりました。

それだけに、この本を書き終えて、本当に嬉しい気がいたします。二十七宿の皆さまとのかつての懐かしい出会いや緊張した会話を綴るという、遠い過去にさかのぼる長い長い旅を終えて、「現在」という時点に立ち帰った今、私は〝不思議の国のアリス〟になった心境です。

いつもお会いしていた筈の二十七宿の人たちなのに、執筆の過程で、やはり目を見張るような新しいさまざまな事実に出会い、また見聞いたしました。良い発見もたくさんあって、とても有意義でしたし、それはまた、二十七宿それぞれの人びとが奏でる、〝喜怒哀楽協奏曲〟に、長時間じっと聞き入っているようでもありました。

私の実占の歴史を振り返ってみて、確実な事実を一つだけ指摘するとすれば、それは、人は人との関わり合いを通じてこそ成長していけるのだ、ということです。

愛し合い、憎しみ合い、支え合い、傷つけ合い、出会い、そして別れ……と、さまざまな関わり合い方のどれ一つを取ってみても、それは、人の成長に不可欠な修行のためのプロセスであるような気がいたします。

人は誰でも一生に一度や二度は必ず、人間関係で大変な困難に遭遇するものです。そして悩み苦しみます。しかし、渦中に巻き込まれている最中は〝悪い人間〟だった人でも、後で振り返ってみると、実は〝滑稽な人間〟に過ぎなかったり、さらには、自分が次のより高いステップへと飛躍するための、踏石になってくれる役目を授かっていた人であったことが、分かってきたりするものです。

事実、そのような役目を担った人たちの、憎しみや嫉妬や、欺瞞や意地悪や排除のおかげで、魂のきらめきに目覚めて自らを昇華させ、強い心を鍛えて、持てる資質と能力を十二分に開花させた人たちを、本書の執筆を通じて、私はたくさん見てまいりました。

私たちは日頃ともすれば喜怒哀楽だけの世界に生き、それに振り回されて生きています。お釈迦さまは、まず〝欲《ほ》しい、妬《ねた》ましい〟という欲と情（不浄な迷い）を捨てて、澄み切った無垢《むく》の心になるようにと説かれています。私の恩師が次のようなお話をよくなさいました。

人間は白い豆と黒い豆の入ったお皿を持っている。全部白い豆なら良いのだが、ともすると黒い豆（不浄な迷い）の方が多くなってしまう。だから毎日少しずつでも黒い豆を減らして、白い豆を増やしていくんだよ。そうすれば、心が清く明るくなって、つまり白い豆が増えて、お皿の持ち主も良くなるんだよ。

今回の執筆を通じて私は、二十七宿それぞれの人の資質には、とても良い宝がいくつも内蔵されていることを確信いたしました。皆さまも、自分や周りの人たちが持っている宝物を探し出し、それを心ゆくばかり磨き輝かせてください。きっと楽しい人生を創り出せる筈です。


本書の執筆にあたって、今回もまたいろいろとアドバイスを与えてくれた夫・充弘と、いつものことながら最後までお付き合いくださった、古くからのお弟子さん方、特に富澤裕子さんご一家、高木林作・千枝子さんご夫婦、そして星川耕一さんに、心から感謝いたします。

また、有意義なご教示を賜った、友人の奥村稔さんと久慈博子さんをはじめとするたくさんの方がたに、厚くお礼を申し上げます。

そして、長年にわたって私の拙い著作を読み続けてくださった読者の皆さま、本当に有り難うございました。

著　者

著者紹介

上住節子（うえずみ　せつこ）

東京京橋に生まれる。下谷根岸小学校、共立女子中学、山脇学園高等学校を経て、明治学院大学英文科、および（アメリカ）ジョージ・ワシントン大学大学院卒業。元、玉川大学文学部外国語学科助教授。

アメリカ留学中、人間の運命に関心を持ち、以後、欧米、アジア、大洋州、中近東の約三〇ヵ国を訪ねて、運命学者や各種占術家と交友を結ぶ。

壬生台舜第二十六世浅草寺貫首の下で得度し「有心」の法名を戴く。

著書…『宿曜占法―密教占星術』（平成二年）、『宿曜占法Ⅱ―密教の星占い』（平成十一年）、『宿曜占法本命宿早見表』（平成十一年）、『宿曜と法華経―宿曜占法開運法』（平成十五年）以上、大蔵出版。『算命占法・上』（平成十四年）、『算命占法・下―占技秘解』（平成十四年）以上、東洋書院など。

現在…運命学の実践的アドバイザー

住所…〒一〇四―〇〇三一　東京都中央区京橋二―一二―一二　上住ビル　5F
上住節子・有心庵ホームページ…http://www.setsuko-yushin.com

宿曜占法 －人生喜怒哀楽

2005年 9月30日　初版第 1刷発行

著　者　上　住　節　子
発行者　青　山　賢　治
発行所　大蔵出版株式会社
〒171-0033　東京都豊島区高田 1 - 6 -13
竹前ビル 3 F
TEL. 03-5956-3291　FAX. 03-5956-3292
印　刷　株式会社　厚 徳 社

装幀／ニューロン　製本／関山製本社

ISBN4-8043-3063-1 C0039